감14 패브릭
GARM ISSUE 14 FABRIC

초판 1쇄 인쇄 2020년 4월 3일
초판 2쇄 발행 2021년 11월 4일

발행인	윤재선
편집장	심영규
에디터	정신오, 정경화
디자인	스튜디오 베이스
사진	나르실리온
교정·교열	하명란
발행처	에잇애플(주)
출판등록	2017. 4. 14.(제2017-000078호)
주소	06032 서울특별시 강남구 도산대로25길 36 3층
전화	02-537-1536
팩스	02-537-1532
전자우편	info@8apple.kr
홈페이지	garmmagazine.com
SNS	ⓘ garm_magazine
	ⓕ garmssi
ISBN	979-11-89485-11-5
	979-11-89485-09-2(세트)

- 파본이나 잘못된 책은 구입처에서 바꾸어 드립니다.
- 이 책은 저작권법에 따라 보호받는 저작물이므로 무단전재와 무단복제를 금지하며, 이 책 내용의 일부 또는 전부를 이용하려면 반드시 사전에 저작권자와 출판권자의 서면 동의를 받아야 합니다.
- 책값은 뒤표지에 있습니다.

Printed in Seoul, South Korea
All rights reserved. No part of this publication may be reproduced, stored in a retrieval system, or transmitted in any form or by any means, electronic, mechanical, photocopying, recording, or otherwise, without prior consent of the publisher.

감씨는 에잇애플에서 발행하는 건축재료 단행본 시리즈의 브랜드입니다.

GARM

감 매거진
열네 번째 재료
패브릭

FABRIC

garmSSI

PROLOGUE
건축의 무게

건물의 무게는 얼마나 될까? 지하층이 있는 콘크리트 구조로 설계된 중소 규모 건물은 단위면적(1m²)당 약 1.8t 정도. 지하로 더 들어가거나 고층일 경우 철근과 콘크리트 양은 더 늘어난다. 고층의 대형 건물은 단위면적(1m²)당 약 2t 이상으로 추정된다. 용산에 있는 아모레퍼시픽그룹 사옥은 지하 7층에 지상 22층, 연면적 188,902 m²(약 57,143평) 규모다. 철골조와 철근콘크리트 복합구조에 노출콘크리트로 마감한 이 건물의 무게는 40만t 이상으로 추정된다. 이는 서울시 인구 약 54만 명의 몸무게다(75kg 성인 남자 기준). 상당하다.

건설 기술의 발전은 재료의 무게를 감당하는 과정이기도 하다. 거푸집은 중력을 거스르듯 자유로운 콘크리트 형태를 가능하게 하고, 크레인은 무거운 자재를 높은 곳까지 세워 올린다. 재료와 재료를 잇는 결구 방식과 못, 피스 그리고 앵커 같은 하드웨어도 그 무게를 감당하는 방법으로 개발되고 발전한다.

건물의 무게가 가벼워지면 건축 외의 다른 많은 분야에도 이롭다. 우선 무게를 지탱하는 구조재의 양이 줄어든다. 그렇게 되면 자원을 절약하고 탄소 배출을 줄일 수 있다. 또 운반과 시공이 용이해지면서, 인건비가 감소하고 공기가 단축된다. 가공성이 높아지고 공장 제작과 현장 조립이 수월해져 시공 품질 또한 상승한다. 산업재해가 줄어들고 이는 곧 사회적 비용의 절약으로 이어진다.

한정된 자원의 질량 안에서 공학적으로 안정되고 외부 요소에 강하며, 기능적으로 더 넓은 범위를 점유하려는 노력은 지금까지 다양하게 이루어져 왔다. 이런 목적을 포용하며 혁신을 거듭해온 인간의 역사는 그 시대를 넘어서는 소재와 관련 기술의 발전으로 진보해왔다.

용도에 맞는 소재의 필요성은 중력, 열, 습도 등 자연의 제한된 상황에서 극명히 드러난다. 단편적으로 우주산업이 그러하다. 우주선은 중력을 벗어나 혹독한 환경을 견뎌야 한다. 이를 위해 무게를 줄여 연료의 효율을 높이고, 첨단 코팅 기술로 마찰과 열에 강한 내구성과 표면 강도를 갖춘다.

'경량화'란 단순히 무게의 이야기가 아니다. 과함도 부족함도 없이 재료를 절제하여 쓰는 기술은 미래를 이끌어갈 또 하나의 지식이다. 한정된 자원으로 더 넓고 높은, 그리고 더 아름답고 기능적인 공간을 만들기 위한 가능성의 탐구다. 고갈되는 자원을 절약함으로써 지속가능성을 이루고, 자연 물질에 새로운 기능을 부여하여 물성의 한계를 뛰어넘는다. 결국 건축의 무게는 미래의 삶을 가늠하는 척도가 될 것이다.

소재 연구가 열악한 이곳에서 다른 시각으로 공간을 바라보는 이들의 관심을 통해 건축의 다이어트를 시도해본다.

—
2020년 4월
발행인 윤재선

ⓒ키티버니포니

EDITORIAL LETTER
신체에서 우주까지, 익숙한 소재의 진화

감 매거진 다섯 번째 시리즈는 알루미늄, 플라스틱, 패브릭으로 가벼운 재료다. 1년여의 긴 취재를 거치며 발견한 이들의 또 다른 공통점은 다양성과 다채로움이다. 알루미늄은 다른 금속과 합금해 강도와 성능을 조절하고 루버나 패널, 시트 등 다양한 형태로 가공한다. 고분자 물질을 합성해 만드는 플라스틱은 그 종류만 수십 가지이고, 첨가하는 성분과 비율에 따라 물성이 자유자재로 바뀐다.

그렇다면 패브릭은 어떨까? 패브릭은 섬유의 종류에 따라 특성이 다르고 섬유-원사-원단-후가공에 이르는 일련의 과정을 거치며 수많은 모습으로 변신한다. 색과 패턴을 입혀 원하는 대로 디자인하고, 다른 재료와 결합해 기능을 접목할 수도 있다. 무엇보다 콘크리트, 철재와 같이 차가운 물성으로 가득한 공간에 따뜻한 분위기와 부드러움을 드리우는 독보적인 특성이 있다.

그러나 무수한 장점에도 불구하고 건축에서 패브릭은 여전히 낯선 소재다. 건축가들은 표피처럼 얇은 질감과 약한 물성 때문에 무게감을 드러내야 하는 건축의 재료로 어울리지 않는다고 여겨왔다.

이번 편에서는 우리가 미처 발견하지 못했던 소재의 면면을 소개하며 그동안의 선입견에 물음을 던진다. 우선 커튼이나 카펫 같은 인테리어 요소로 한정됐던 패브릭의 범위를 넓혔다. 금속, 플라스틱, 종이 등 소재에 관계없이 선을 엮어 면을 만들고, 건축과 인테리어 용도로 쓰이는 자재를 모두 패브릭으로 정의했다. 또 실내와 실외 공간으로 구분해 적용 가능한 자재와 공법을 소개하고, 기술과 디자인의 측면에서 가능성을 조명하여 소재로 고려할 수 있는 폭을 확장했다.

극장의 스크린 원단이 영상 신호를 비춰 관객에게 메시지를 전달하는 바탕면이 되듯, 건축 속 패브릭은 사람과 공간을 잇고, 편안한 분위기로 공간과의 거리를 한층 좁혀준다. 신체를 덮히고 보호하기 위해 처음 사용되었던 소재는 이제 공간을 넘어 자동차와 항공기, 그리고 우주까지 진출했다. 해저에 설치된 광섬유 케이블은 태평양을 횡단해 통신 신호를 전달하고, 탄소섬유로 제작한 우주선은 광활한 태양계를 자유로이 누빈다.

이제 패브릭을 건축의 영역으로 가져올 차례다. 이 책과 함께 상상력을 발휘해 오래된 재료의 새로운 모습을 발견해보자. 팔색조 패브릭의 세계를 탐험하자.

_
책임에디터 정경화

목화 씨앗에서 채취한 면화는 길게 엮고 가늘게 잡아당기는
과정을 거치며 새하얀 실의 모습을 갖추게 된다.

베틀을 이용해 씨실과 날실을 수직으로 교차하고 엮어 원단을 짓는 모습.

다양한 색상과 질감의 원단을 적절한 크기로 재단하고 봉제해
커튼, 월 패널 등의 제품으로 완성한다.

모노콜렉션 장응복 대표가 보안여관에서 열린 전시 〈도심속의 차경〉(2018)에서 선보인 공간.
일부 객실 공간을 모노콜렉션의 퍼브릭과 가구 작품으로 꾸몄다.

건축가 쿠마 켄고가 설계한 상하 상하이. 패브릭은 기존에 있던 벽돌과 석재의 단단한 물성과 상반되는 재료로 공간에 부드러움을 더한다.

©Masao Nishikawa

16　1. STORY OF FABRIC

18　Architectural Fabric 의류 소재에서 공간의 재료로
22　Characteristics of Fabric 공간 속 패브릭의 특징
28　Types of Fabric 공간에서 발견하는 섬유의 종류
38　Reportage 면화로 만드는 선과 면(綿): 일신방직 연구개발팀 이승호 팀장

46　2. APPLICATION OF FABRIC

2.1　Interior Fabric 실내 공간의 패브릭

50　Usage of Interior Fabric 공간에 옷을 입히다
54　Interview 천연섬유로 벽을 직조하다: 여명벽지㈜ 이준한 실장
58　Interview 공간과 패브릭의 관계를 말하다: 유앤어스 김수현 이사, 송지연 디자이너
66　Fabric Curation 적재적소 패브릭 큐레이션
70　Interview 패턴과 질감으로 공간의 분위기를 살리다: 마음제곱미터 김빛나, 윤경희 공동 실장
76　Interview 약한 재료로 구현하는 강렬한 입체감: 켄고 쿠마 앤 어소시에이츠 쿠마 켄고 대표

2.2　Exterior Fabric 실외 공간의 패브릭

88　Fabric Facade 건축 입면을 구축하는 패브릭
92　Interview 가벼운 재료, 자유로운 공간: 동아스트 이장복 대표
98　Interview 건물을 감싸는 유연한 외피: 건축공방 심희준 공동대표
104　Interview 설원의 풍경을 닮은 백색 경기장: 희림종합건축사사무소 건축3본부 백종훈 소장
110　Interview 단단한 금속 직물로 짜낸 커튼: 심플렉스 건축사사무소 박정환 대표

116   3. SPECIALIZATION OF FABRIC

3.1 Fiber Technology in Architecture 섬유와 기술의 만남

120 Development of Fiber 건축의 단단한 기초가 되다
124 Interview 패브릭 원료에서 산업의 미래를 엿보다: 효성첨단소재 김철 탄소소재 연구담당 상무
130 Interview 섬유의 변신을 도모하다: 모포시스 임성수

3.2 Designing Fabric in Space 공간을 채우는 색과 패턴

144 Interview 패턴에서 발현하는 아름다움: 키티버니포니 김진진 대표
150 Interview 한국적 텍스타일로 채운 일상의 공간: 모노콜렉션 장응복 대표

156   4. SUPPLEMENT

158 패브릭을 경험하는 공간
170 지금 주목해야 할 패브릭 소재

1

STORY OF FABRIC

1.1 Architectural Fabric
1.2 Characteristics of Fabric
1.3 Types of Fabric
1.4 Reportage

Architectural Fabric

©Nicholas Hartmann

의류 소재에서 공간의 재료로

패브릭은 건축보다는 의류 소재로 익숙하다. 그러나 다른 재료에는 없는 따뜻한 분위기와 질감을 지녀 실내 공간에서는 편안함을 더하는 재료로 즐겨 쓰여왔고, 최근에는 발달한 기술이 접목되면서 활용 범위가 더욱 넓어지고 있다. 글 정경화

패브릭 용어 사전

패브릭은 직물, 천, 텍스타일 등 여러 단어로 불린다. 그러나 각각의 의미를 정확히 이해하고 쓰는 경우는 드물다. **텍스타일**textile은 '짜여진woven'이라는 뜻의 라틴어인 '텍스틸스textilis'와 '짜는 것to weave'을 의미하는 '텍세레texere'에서 유래했다. 처음에는 실을 수직으로 교차해 만드는 직물woven fabric만을 뜻했으나 요즘에는 섬유와 실을 비롯해 부직포, 펠트felt, 레이스lace 등 섬유로 만든 소재를 모두 포함한다. **패브릭**fabric은 텍스타일보다 좁은 의미로 원단을 뜻한다. '짓다', '짜 맞추다'라는 뜻의 라틴어, '패브리카레fabricare'에서 유래한 단어로, 재료보다는 섬유를 조합해 조직을 만든다는 구조적인 의미에 가깝다. 마지막으로 **섬유**fiber는 실을 만드는 기본 단위이자 원료다. 섬유의 화학적 구성과 형태, 물성에 따라 최종 제품의 모습과 특성은 천차만별로 달라진다.

　패브릭의 시작점인 섬유는 여러 과정을 거쳐 제품이 된다. 먼저 섬유를 잇고 엮어 원료가 되는 실, **원사**yarn를 만든다. 원사를 조합해 면으로 제작한 것은 **원단**이라 하고 제작 방식에 따라 종류를 구분한다. 원사를 수직으로 교차하여 짜면 직물이 되고, 뜨개질하듯이 고리를 만들고 이어 엮으면 편성물knit fabric, 무작위로 뭉치고 압축하면 펠트가 된다. 원단은 염색, 재단, 표면 처리 등의 과정을 거치며 자재의 모습을 갖추고, 제작한 부재들을 봉제해 제품으로 완성하거나 공간에 설치한다.

섬유의 역사

섬유의 역사는 인간이 몸을 가리기 위해 식물을 걸친 것에서부터 시작됐다. 처음에는 나무 껍질이나 사냥한 동물의 가죽을 걸쳐

금속을 엮어 만든 패브릭(왼쪽)과 종이 실(오른쪽)로 만드는 섬유 벽지도 건축재료로써의 패브릭에 포함된다.

신체를 보호했다. 인류는 거칠고 뻣뻣한 가죽을 부드럽게 만드는 법을 고민했고, 점차 짐승의 털가죽이나 나무 껍질을 잘게 찢어 실을 만들고 직물을 짜는 기술을 습득했다. 스위스에서 발견된 아마flax 소재의 옷과 어망은 기원전 1만 년 전의 것으로 추정되어, 인류가 최초로 옷을 지었다는 기록으로 여겨진다. 그 밖에도 인도에서는 5천 년 전의 면직물이, 중국에서는 4천 5백년 전의 견직물이 발견되었다. 이후 인류는 오랫동안 자연에서 나는 천연섬유로 원단을 만들고 생필품을 제작했다. 그리고 여기서 한발 더 나아가 직접 섬유를 만들기 시작한다.

　18세기 영국에서 시작한 산업혁명과 함께 면방직 산업은 급격히 발달했다. 섬유의 수요가 크게 늘어남에 따라 천연섬유만으로는 물량을 충족하기가 어려워지자 여러 화학자들은 섬유를 제조하는 연구에 뛰어들었다. 1884년 프랑스의 화학자인 일레르 드 샤르도네Hilaire de Chardonnet는 셀룰로오스와 질산을 합성한 나이트로셀룰로오스nitrocellulose를 이용해 인조섬유의 제조 방법을 처음 완성했고, 1891년 영국의 화학자 크로스Cross C. F., 베반Bevan E.J.과 스턴Stearn S.H.이 최초의 인조섬유인

미국의 건축가 커티스 펜트레스가 막구조를 적용해 디자인한
미국 덴버 국제공항의 모습.

비스코스 레이온viscous rayon의 개발에 성공했다. 이후 인조섬유는 약하고 불에 타기 쉬운 레이온의 단점을 보완하여 새롭게 개발되고 대량으로 생산된다. 한편, 1926년 독일의 화학자 헤르만 슈타우딩거Hermann Staudinger는 "섬유는 선형의 작은 분자들이 긴 사슬 형태로 모인 고분자"라는 사실을 발표한다. 이후 화학자들은 앞다투어 선형의 고분자 화합물을 합성해 새로운 섬유를 만드는 연구를 시작한다. 그 결과 1938년 미국의 화학회사, 듀폰Dupont 소속 화학자인 월러스 캐로더스Wallace H. Carothers가 최초의 합성섬유인 나일론을 발명한다. 뒤이어 아크릴, 폴리에스터를 비롯한 여러 합성섬유가 개발되었고 지금까지도 의류, 포장 산업에 활발하게 쓰인다. 기존 소재에 비해 강도와 탄성 또는 내열성, 난연성이 매우 뛰어난 슈퍼섬유가 등장한 이후에는 건축을 비롯해 자동차, 항공 등의 산업재료로도 적극적으로 활용되고 있다(p.120 참고).

공간 속의 패브릭

최초의 건축은 나뭇잎이나 직물을 감싸 만든 움막으로, 외부의 위험을 막고 유목 생활에 맞게 이동이 쉬운 형태로 만들어졌다. 추운 지역에서는 동물 가죽처럼 두꺼운 재료를 덮어 실내를 따뜻하게 유지했다. 고대 로마 시대에 들어서서 유목민의 움막은 노천극장에 자리 잡는다. 콜로세움 같은 석조 건물에 설치한 노천극장의 그늘막은 눈비를 막아주고 여러 행사가 열리는 야외 장소를 제공했다.

    20세기에 들어와 노천극장의 그늘막은 다시 한번 변모한다. 당시 항공 기술자였던 월터 버드Walter Bird는 항공기 안테나를 보호하는 덮개의 구조를 고민하다 막을 떠올린다. 그는 막을 설치한 다음 압력을 가해 팽팽하게 당기는 공기막 구조를 개발하고, 1957년 최초의 막구조 건축 회사인 버드 에어Bird air를 창립한다. 이후 막구조는 그늘막이나 파빌리온, 때로는 건물의 외장재로 쓰이며 스타디움과 체육관, 야외극장 등 대규모 공간의 건축을 주도한다.

    인천국제공항 제1여객터미널(2001)을 비롯해 여러 대도시의 공항을 설계한 미국의 건축가 커티스 펜트레스Curtis Fentress는 수천 명의 이용객이 오가는 덴버 국제공항(1995)에 막구조를 적용해 아름다운 대공간을 완성했다. 그는 공항의 배경인 로키산맥의 설경에서 영감을 받아 34개의 봉우리가 두 줄로 늘어선 막구조 건물을 디자인했다. 거대한 공간은 막구조에 의해 부유하는 듯한 가벼운 모습으로 탈바꿈하고 하얀 패브릭 천장은 은은하게 햇빛을 투과해 아늑함을 더한다.

실내 공간의 패브릭은 벽에 걸거나 가구를 덮을 목적으로 만든 직물을 뜻하는 태피스트리tapestry에서 그 기원을 찾을 수 있다. 고대에는 동굴의 입구를 막거나 바닥에 까는 실용적인 용도로 사용했고, 중세시대부터 본격적으로 발달했다. 유럽에서는 차가운 석조 공간에 장식과 그림을 짜 넣은 태피스트리를 적용해 아늑한 분위기를 내고 다채로운 색감과 질감을 더했다. 사용 부위에 따라 햇빛이나 소음을 막고 공간을 분리하는 등 요구 성능에 차이가 생기면서 커튼, 카펫, 파티션 등 다른 모습으로 발전했다.

2009년 프랑스의 디자이너 로낭 & 에르완 부훌렉Ronan & Erwan Bouroullec 형제는 덴마크의 텍스타일 브랜드, 크바드라트Kvadrat와 협업하여 직물 타일인 클라우즈clouds를 선보인다. 펠트로 만든 삼각형 형상의 3차원 모듈은 고무 밴드로 연결해 오브제나 파티션, 벽 등 원하는 형태를 만들 수 있다. 입체적인 모듈은 겹겹이 조합할수록 풍부한 공간감을 자아내며 실내 공간을 아름답게 장식한다.

무수한 선으로 만들어진 면

그동안 건축에서는 패브릭을 약한 재료로 인식해 배제하는 경우가 많았다. 그러나 최근에는 단점으로 치부되었던 가볍고 유연한 물성으로 인해 오히려 새롭게 조명받는다. 콘크리트, 플라스틱 등의 산업재료에 탄소섬유나 아라미드 섬유를 접목해 소재의 특성을 강화하고, 막구조의 외장재로 적용해 자유로운 비정형 공간을 완성한다. 따뜻한 질감으로 인테리어에서는 이미 대체 불가능한 영역을 확보했다. 해체가 쉽고 재활용이 가능해 친환경적 면모도 갖췄다.

이 책은 건축재료로서의 패브릭을 중심으로 다룬다. 책에서 다루는 소재들은 섬유처럼 **가늘고 긴 물질**을 원료로 하여 **면의 형태**를 만들고, **건축**과 **인테리어 용도**로 사용하는 세 가지의 조건을 만족한다. 이 기준에 따라 일반 섬유를 비롯해 가늘고 긴 금속을 엮어 만든 패브릭, 종이를 꼬아 만든 실을 직조해 완성하는 섬유 벽지, 섬유와 플라스틱, 콘크리트를 섞어 개발한 복합재료까지 패브릭의 범주에 포함해 함께 소개한다. 이제 카멜레온처럼 공간에 따라 여러 모습으로 탈바꿈하는 이 똑똑한 소재의 면면을 좀 더 자세히 들여다보자.

3차원 형상의 직물 타일인 클라우즈는 입체 모듈을 조합해 오브제나 파티션, 벽 등 원하는 형태를 만들고 공간에 풍성함을 더한다.

Characteristics of Fabric

공간 속 패브릭의 특징

공간에서 패브릭은 커튼과 침구 등의 일반적 용도부터 벽지, 월 패널 등의 실내 마감재, 그리고 외장재까지 다양한 부위에 쓰인다. 건축자재로의 활용도가 나날이 높아지는 패브릭의 고유한 특성을 알아보자.

글 정경화

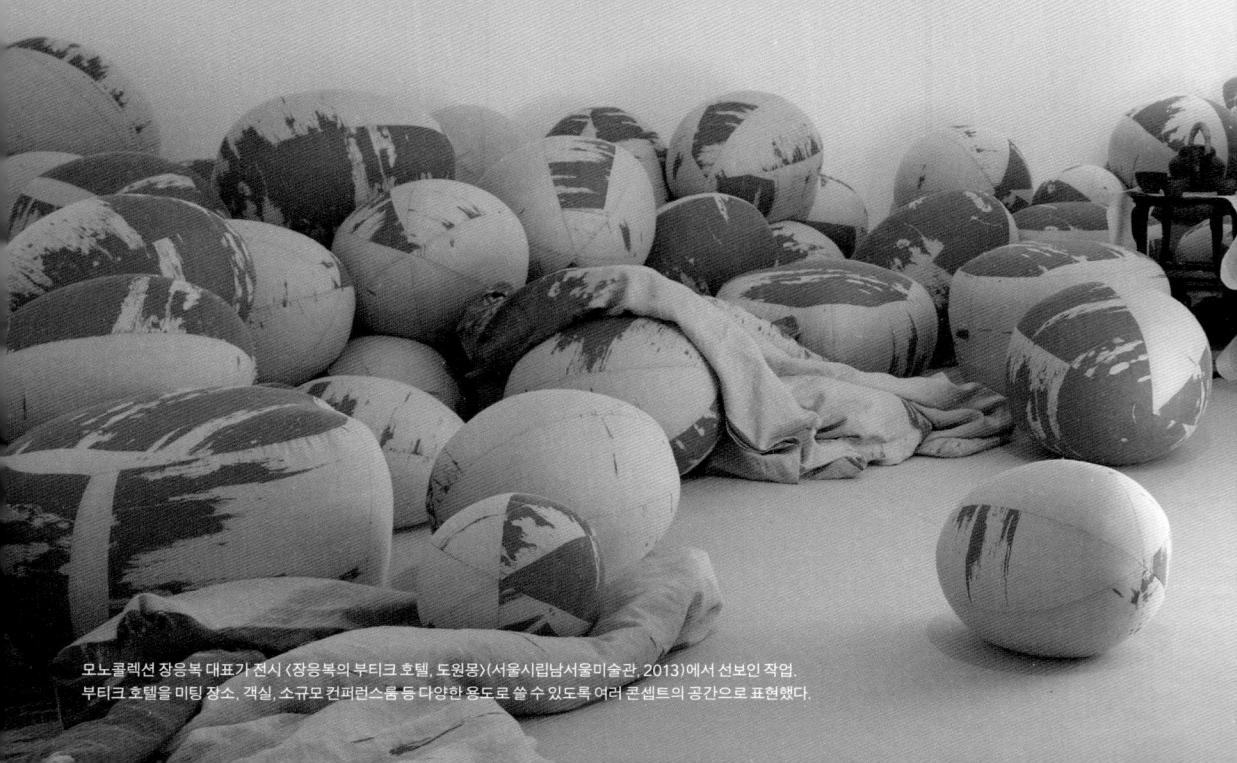

모노콜렉션 장응복 대표가 전시 〈장응복의 부티크 호텔, 도원몽〉(서울시립남서울미술관, 2013)에서 선보인 작업. 부티크 호텔을 미팅 장소, 객실, 소규모 컨퍼런스룸 등 다양한 용도로 쓸 수 있도록 여러 콘셉트의 공간으로 표현했다.

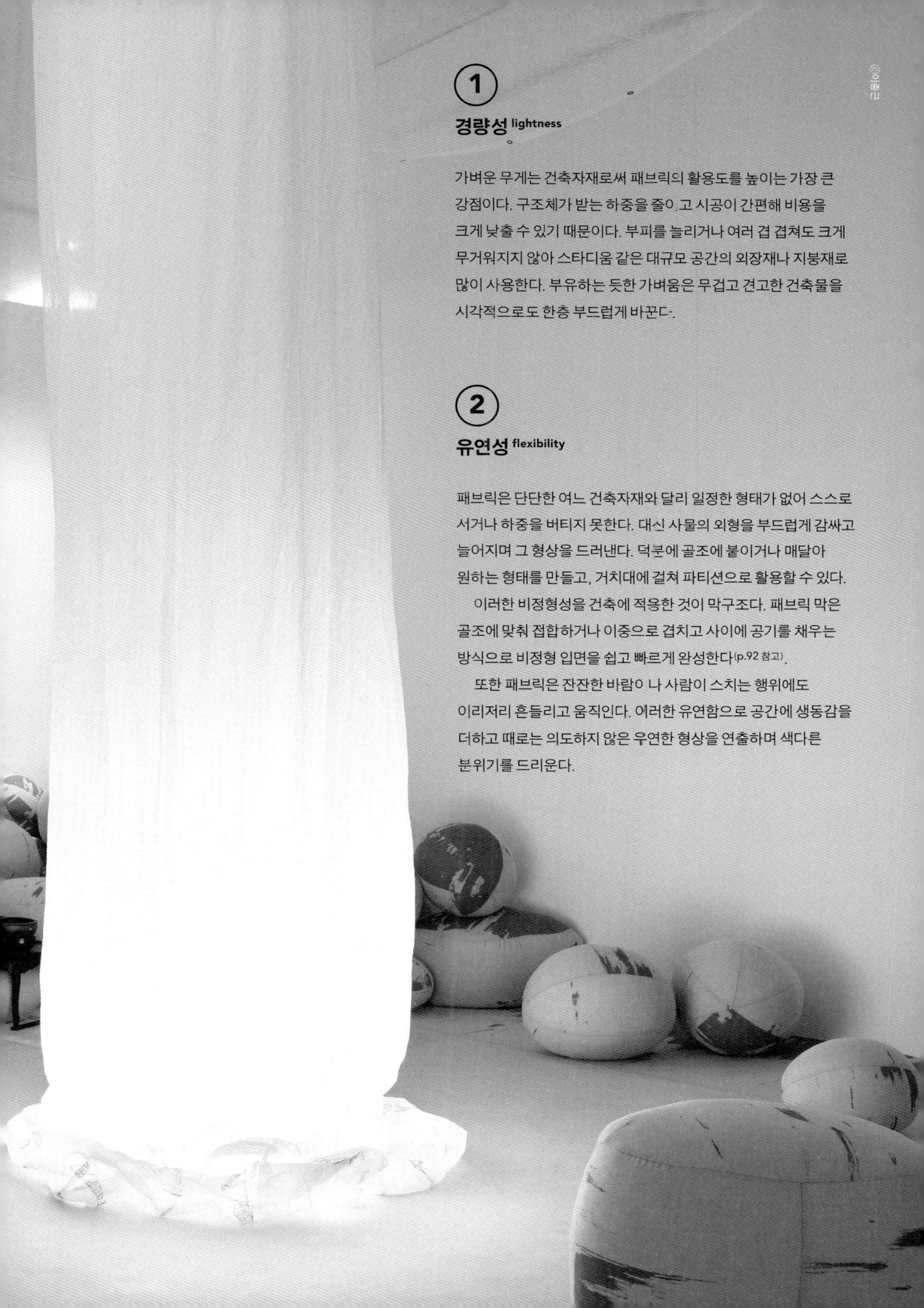

경량성 lightness

가벼운 무게는 건축자재로써 패브릭의 활용도를 높이는 가장 큰 강점이다. 구조체가 받는 하중을 줄이고 시공이 간편해 비용을 크게 낮출 수 있기 때문이다. 부피를 늘리거나 여러 겹 겹쳐도 크게 무거워지지 않아 스타디움 같은 대규모 공간의 외장재나 지붕재로 많이 사용한다. 부유하는 듯한 가벼움은 무겁고 견고한 건축물을 시각적으로도 한층 부드럽게 바꾼다.

유연성 flexibility

패브릭은 단단한 여느 건축자재와 달리 일정한 형태가 없어 스스로 서거나 하중을 버티지 못한다. 대신 사물의 외형을 부드럽게 감싸고 늘어지며 그 형상을 드러낸다. 덕분에 골조에 붙이거나 매달아 원하는 형태를 만들고, 거치대에 걸쳐 파티션으로 활용할 수 있다.
    이러한 비정형성을 건축에 적용한 것이 막구조다. 패브릭 막은 골조에 맞춰 접합하거나 이중으로 겹치고 사이에 공기를 채우는 방식으로 비정형 입면을 쉽고 빠르게 완성한다(p.92 참고).
    또한 패브릭은 잔잔한 바람이나 사람이 스치는 행위에도 이리저리 흔들리고 움직인다. 이러한 유연함으로 공간에 생동감을 더하고 때로는 의도하지 않은 우연한 형상을 연출하며 색다른 분위기를 드리운다.

③
다양성 diversity

섬유는 면, 마, 폴리에스터 등으로 종류가 다양하고(p.28 참조) 각각 특성이 뚜렷하다. 섬유로 원사와 원단을 만들고 가공하는 방법에 따라서도 외관과 질감이 각양각색이다. 원사 제조 과정에서는 여러 섬유를 섞어 특성을 조합하거나 굵기에 변화를 주어 실 자체에 무늬를 만들고, 원단은 직조와 편직을 기본으로 조금씩 방식을 달리하여 제작한다.

    가공의 종류는 크게 표면의 질감을 조절하는 것과 형태에 변화를 주는 것으로 나뉜다. **질감을 조절하는 방법**에는 에나멜이나 종이 같은 촉감을 내는 광택 가공, 모직물의 잔털을 제거해 깨끗한 표면을 만드는 클리어 컷 가공clearcut finish 등이 있다. **형태에 변화를 주는 가공법**으로는 폴리에스터, 나일론 등 열가소성 섬유에 적용하는 주름 가공permanent pleats finish, 여러 섬유를 섞어 직물을 만들고 약품으로 일부만 녹여 무늬를 남기는 번아웃 가공burnout finish 등이 있다. 이렇듯 방법이 셀 수 없이 많고 트렌드에 맞춰 계속 새로이 개발되므로 표현의 범위가 매우 넓다.

④
다기능성 multi-function

패브릭은 원사나 원단을 코팅하거나 화학섬유 자체에 기능을 삽입하는 방법으로 방염성, 발수성, 정전기 방지 같은 성능을 더한다. 예를 들어 내부에 미세한 구멍을 낸 중공섬유 hollow fiber 는 구멍 안에 공기를 품고 있어 단열성과 보온성이 뛰어나고 항균, 소취 등 다른 기능을 추가할 수도 있다.

합성섬유는 그동안 면과 같은 천연섬유를 모사하는 방향으로 개발되어왔으나 최근엔 천연섬유에 없는 특성을 부여하는 영역까지 확대됐다. 특히 섬유는 다른 재료와 조합해 복합재료를 만들기도 한다. 섬유강화플라스틱(Fiber Reinforced Plastic, FRP), 섬유강화콘크리트는 플라스틱, 콘크리트에 탄소섬유와 유리섬유를 비롯한 특수섬유를 보강재로 넣어 경량성과 강도를 크게 높인 대표 복합재료다. 건축에 요구되는 성능이 갈수록 다양해지고 친환경이 중요한 이슈로 떠오르면서 기능은 더 광범위하고 복합적으로 접목되고 있다.

ⓒ키티버니포니

따뜻한 분위기 warmth

많은 디자이너가 공통적으로 꼽는 패브릭의 장점은 따뜻함이다. 앞서 여러 특징을 소개했지만 편안한 촉감과 분위기는 패브릭만의 독보적인 장점이다. 키티버니포니 김진진 대표는 "패브릭은 아무도 없는 공간에서도 사람이 있는 듯한 온기를 자아내는 소재"라고 말한다. 그의 말처럼 차가운 콘크리트로 둘러싸인 공간에 따뜻한 러그를 깔거나 커튼을 설치하는 것만으로도 분위기는 한층 아늑해진다. 부드럽게 감싸는 특성은 사용자에게 정서적으로 안정감을 주고, 사람의 몸에 직접 닿는 의류 소재로 쓰이는 만큼 인체 친화적이기도 하다. 금속이나 목재 등 이질적 소재와도 조화를 이루어 여러 공간 중에서도 특히 휴식하는 주거 공간에 잘 어울린다.

⑥ 조절성 environmental control

패브릭은 빛을 머금고 골고루 확산한다. 유리, 아크릴acrylic, 폴리카보네이트polycarbonate 보다는 투과성이 떨어지지만 다루기 쉽고 원하는 형태를 자유롭게 구현할 수 있어 더 일반적으로 쓰인다. 빛의 투과를 제어하는 것도 가능하다. 짙은 색의 두꺼운 원단을 쓰거나 여러 겹 덧대면 커튼처럼 빛을 차단하고, 반대로 옅은 색의 얇은 패브릭을 쓰면 실내에 빛을 들인다. 반투명한 패브릭을 외장재로 사용하면 실내에 야외 공간처럼 밝은 분위기를 낼 수 있고, 아예 투명한 소재를 적용해 외부의 풍경을 안으로 들이는 것도 가능하다.

또한 패브릭은 섬유 사이사이에 공기를 품고 있어 소리를 머금는 흡음과 차음 성능이 뛰어나다. 덕분에 소리는 은은하게 전달하고 소음은 줄여주어 공간의 아늑함을 높인다.

ⓒ카페노포너

Types of Fabric

공간에서 발견하는 섬유의 종류

섬유는 패브릭의 원료로써 기능을 결정하고 용도를 좌우한다. 자연에서 나는 것부터 실험실에서 개발돼 화학기호로 불리는 것까지, 수많은 종류 가운데 일상에서 흔히 볼 수 있고 건축, 인테리어에 활발히 쓰이는 섬유를 소개한다. 글 정경화

천연섬유

인류는 오랫동안 자연에서 나는 천연섬유만을 사용했다. 섬유는 길이에 따라 최대 20cm를 넘지 않는 짧은 단섬유 staple fiber와 굵기에 비해 길이가 무한히 긴 장섬유 filament fiber로 나뉜다. 길이가 1.5km에 달하는 견을 제외하고 나머지 천연섬유는 모두 단섬유다. 단섬유는 섬유를 잇고 늘리는 방적 공정을 거쳐 실이 된다.

면 cotton

면은 목화 씨앗의 표면에 붙어 있는 하얀 솜으로 만든다. 관리가 쉽고 다루기 편해 전체 섬유 사용량의 50%를 차지할 정도로 대중적이다. 18세기 영국의 산업혁명 이후 대량생산이 가능해지면서 지금과 같이 널리 보급되었다.

면은 흡습성이 높아 염색이 쉽다. 땀을 잘 흡수해 여름에 쾌적하고, 보온성이 뛰어나 겨울에는 따뜻하다. 정전기가 잘 생기지 않고 촉감이 부드러워 피부에 직접 닿는 옷의 재료로 제격이다. 수축되는 것을 제외하면 세탁도 간편하다. 다만 건조가 느려 세균이나 곰팡이가 생기기 쉽고, 햇빛을 받으면 변색되므로 관리에 주의해야 한다. 또 탄성이 적어 구김이나 주름이 잘 생긴다. 불에 잘 타고 스스로 꺼지지 않는 가연성 섬유이므로 커튼, 소파 등 인테리어 자재로 사용할 때는 반드시 방염 가공을 해야 한다.

마 linen

인류 역사상 가장 오래된 섬유. 식물의 잎이나 줄기, 껍질을 원료로 하여 **뻣뻣하고 거친 촉감과 절제된 광택**이 특징이다.

마는 열전도율이 높아 시원하고 공기가 잘 통해 여름에 사용하기 적합하다. 단점은 구김이다. 튼튼한 대신 쉽게 구겨지고 다림질해도 잘 펴지지 않아 면이나 레이온과 섞어 쓰는 경우가 많다. 햇빛에도 약하다.

종류에는 아마, 저마, 대마가 있다. 아마는 견과 비슷한 광택을 지닌 섬세한 실을 얻을 수 있어 대마, 저마보다 가격이 높음에도 가장 많이 쓰인다. 모시라고도 불리는 저마 ramie는 튼튼하고 습기에 강하다. 대마 hemp는 삼, 삼베로 불리면서 오랫동안 일상의 옷감으로 쓰였다.

모 wool

인류는 오래전부터 추위를 피하기 위해 짐승의 털을 꼬아 옷을 만들어 입었다. 그중에서도 실로 만들기 쉽고 대량생산이 가능한 양털을 가장 애용했다. 오래된 섬유지만 따뜻하고 고급스러워 여전히 높은 가치를 인정받는다.

　모 섬유는 형태상 두 가지의 독특한 특징이 있다. 하나는 사람의 머리카락처럼 표면을 덮고 있는 비늘 모양의 스케일scale이다. 스케일은 물과 오염물질을 튕겨내면서 동시에 미세한 틈으로 수증기를 흡수해 습도를 조절한다. 그러나 따뜻한 물속에서 마찰이 일어나면 스케일이 움직이면서 섬유가 엉키고, 한번 수축이 일어나면 회복되지 않으므로 주의가 필요하다. 다른 하나는 나선형의 꼬임이다. 권축(크림프, crimp)이라 불리는 이 구조 덕분에 공기를 많이 품을 수 있어 가볍고 따뜻하다.

　모는 난연성 섬유여서 인테리어 자재로 쓰기에 적합하다. 탄성이 높아 구김이 잘 생기지 않고 복원도 빠르다. 특히 흡음성이 뛰어나 카펫 소재로 많이 사용한다. 단점은 강도가 낮고 햇빛을 쬐면 쉽게 변색된다.

견 silk

누에고치에서 뽑아낸 실로 만든다. 차갑지만 부드러운 촉감, 적당한 신축성, 우아한 광택을 갖춘 고급 소재로 잘 알려져 있다. 견 섬유로 만든 옷감은 비단이라 불리며, 오래전부터 귀족의 고급 의복에 쓰였다.

　누에고치에서 실을 얻는 방법을 최초로 발견한 곳은 중국으로, 이후 오랫동안 양잠 기술을 독점했다. 중국과 서양을 잇는 무역로를 일컫는 실크 로드silk road도 대표 수출품이었던 견에서 비롯됐다.

　견은 면보다 흡습성이 높아 염색이 잘 되고 독특한 광택을 낸다. 구김이 잘 생기지 않고 모 섬유만큼은 아니지만 비교적 잘 펴진다. 그러나 내구성이 약해 세심한 관리가 필요하다. 햇빛에 약하기 때문에 빛이 들지 않는 장소에 보관하고 커튼으로 쓴다면 뒷감을 덧대는 것이 좋다.

광물섬유 mineral fiber

석면(石綿, asbestos)이 대표적이다. 사문암이나 각섬암이 길고 가느다란 섬유 조직으로 변화한 것으로 대부분 백색이고, 그밖에 청색, 갈색 등이 있다. 석재가 그러하듯 열과 화학약품에 강하고 내구성, 전기 절연성, 불연성 등이 뛰어나다. 가격도 저렴해 건축과 전기 분야에서 단열재나 내화재, 흡음재로 많이 쓰였다. 그러나 세계보건기구(WHO) 산하의 국제암연구소(IARC)에서 석면을 1군 발암물질로 지정하면서 사용이 금지됐다.

　암면은 현무암, 안산암 등을 녹인 물질에 원심력이나 압축공기, 고압 증기를 가해 인공적으로 만든 섬유로 천연섬유인 석면과는 구분된다(감09 석재편 p.85 참고). 유해물질로 사용이 금지된 석면의 대체재로 개발되었고 건축에서는 단열재로 많이 쓰인다.

재생섬유

천연섬유의 성분을 화학적 방법으로 녹인 다음 선형으로 방사해 만든 섬유. 사람이 인공적으로 만들었다고 하여 인조섬유라고도 불린다. 물리적 형태만 바뀌므로 천연섬유 본래의 성질이 그대로 유지된다는 점에서 합성섬유와는 차이가 있다.

레이온 rayon

목재 펄프나 길이가 짧아 방적이 불가능한 면화 등에서 추출한 셀룰로오스를 화학 용액으로 녹인 다음 가느다란 노즐로 방사해 만든다. 레이온에는 라이오셀을 비롯해 여러 종류가 있지만 대부분 비스코스 레이온을 뜻한다. 매끄러운 촉감과 은은한 광택이 견을 닮아 인조 실크, 인견(人絹)이라고도 불린다.

천연섬유와 합성섬유의 장점을 골고루 지녀 흡습성이 뛰어나고 염색이 잘 된다. 또 정전기가 적게 발생해 테이블 보 같은 실내 장식에 즐겨 쓰인다. 단점은 생산 공정에서 발생하는 유해 물질과 낮은 강도다. 이에 구조를 면과 비슷하게 만들어 강도를 개선한 강력 레이온(폴리노직 레이온, polynosic rayon), 물에 젖어도 강도가 낮아지거나 수축하지 않는 친환경 레이온인 모달 modal 등이 차례로 개발되었다.

라이오셀 lyocell

비스코스 레이온의 제조 공정을 친환경적으로 바꿔 제조한 섬유. 유해 물질을 발생시키지 않는 용제를 쓰고 사용한 용제는 99% 이상 회수해 재사용이 가능하다. 물성 면에서는 레이온의 장점을 유지하면서 단점은 극복해 면의 흡습성과 쾌적함, 폴리에스터의 강도, 견의 촉감과 광택을 두루 갖췄다. 내구성이 뛰어나고 구김도 거의 없다. 최근에는 면, 모, 폴리에스터 섬유와 혼합해 의류를 비롯해 침구류, 부직포 등 다양한 용도로 활용한다.

비교적 잘 알려진 의류 소재인 텐셀 Tencel은 영국의 섬유회사인 코틀즈 Courtaulds 에서 생산하는 라이오셀 섬유의 브랜드 중 하나다. 촉감이 부드럽고 쾌적해 속옷, 티셔츠 등 몸에 닿는 의류의 소재로 많이 쓰인다.

아세테이트 acetate

목재 펄프에 화학반응을 가해 변형시킨 물질을 아세톤에 녹인 다음 방사해 만든다. 레이온은 셀룰로오스의 형태만 바꾸어 화학적으로는 면과 동일하지만, 아세테이트는 화학원소의 구성이 바뀌므로 천연섬유의 모습을 잃고 합성섬유와 특성이 비슷해진다. 그래서 반합성섬유로 분류되기도 한다.

강한 광택이 특징으로 레이온보다 탄성이 뛰어나 구김이 적고 쉽게 펴진다. 촉감이 부드러워 의류 소재로 적합하다. 단점은 강도가 낮고 열과 마찰에 약하다. 흡습성이 낮아 염색이 잘 되지 않고, 염색한 섬유가 공기와 접촉하면 색상이 변하므로 보관에 주의해야 한다.

합성섬유

석유 화합물을 실 모양의 고분자로 중합하고 방사하여 만든 섬유. 최초의 합성섬유인 나일론을 시작으로 다양한 기능을 갖춘 섬유가 속속 개발되었고, 지금은 전 세계 섬유 시장의 50% 이상을 합성섬유가 점유하고 있다. 나일론과 폴리에스터, 아크릴이 3대 대표 소재로 꼽힌다.

나일론 nylon

나일론은 개발사인 듀폰Dupont의 상품명으로 정식 명칭은 폴리아미드polyamide다. 그러나 대중은 물론, 업계에서도 나일론이라는 이름으로 통용된다. 듀폰에서는 이 섬유를 발표할 당시 "강철보다 강하고 거미줄보다 가늘며 견을 닮은 광택을 지녔다"고 소개했다.

아주 가는 실도 손으로 끊어낼 수 없을 만큼 강도가 높고 동시에 매우 가볍다. 특히 마찰강도는 모든 섬유 중에서 가장 뛰어나고 내마모성은 레이온과 아크릴의 7~8배에 달해 양말, 스타킹, 카펫에 많이 쓰인다. 표면이 매끄럽고 유연해 구김이 생기지 않으며, 합성섬유 중 흡습성이 가장 높아 염색하면 선명한 색상을 구현한다. 물에 젖어도 빨리 말라 운동복 같은 스포츠 섬유에 적합하다. 그럼에도 천연섬유와 비교하면 흡습성이 낮고 촉감이 차가워 면과 함께 쓰는 경우가 많다. 충해를 입지 않아 의료, 산업 분야에도 폭넓게 쓰인다.

단점은 보풀과 정전기다. 햇빛에 약해 세탁 후에는 반드시 그늘에서 건조하고 빛이 차단된 장소에 보관해야 한다.

아크릴 acrylic

주성분의 85% 이상이 아크릴로나이트릴acrylonitrile로 이루어진 비닐계 합성섬유. 대부분의 합성섬유는 견을 모방하기 위해 개발됐으나, 아크릴은 모를 대체하기 위해 만들어졌다. 뛰어난 탄성과 보온성, 부드럽고 따뜻한 촉감 등 모의 장점을 두루 갖춘 데다가 경량성까지 겸비해 활용도가 높다. 이러한 특성 때문에 장섬유로 제조하는 대부분의 합성섬유와 달리 아크릴은 양모처럼 짧은 단섬유로 자르고 방적사로 만들어 모를 대신하는 경우가 많다.

단점은 나일론과 마찬가지로 보풀이다. 길이가 짧은 단섬유로 만들기 때문에 잔털이 많은데, 천연섬유보다 강도가 높다 보니 잔털이 자연스레 떨어지지 않고 계속 달라붙어 보풀이 된다. 이를 개선하기 위해 모와 혼방해서 쓰는 경우가 많다. 혼방하면 아크릴의 단점인 보풀과 정전기를 잡으면서 모 섬유보다 튼튼하고 저렴해진다.

햇빛을 쬐어도 변색되거나 강도가 낮아지지 않고, 섬유 중에서 기후를 견디는 내후성이 가장 뛰어나 차양, 텐트 등 야외용 제품에 적용하기 좋다. 반면 가연성 섬유이고 연소하면서 유해 물질이 발생하기 때문에 실내 건축자재로 쓸 때에는 주의가 필요하다.

©Brentano

폴리에스터 polyester

전체 합성섬유 생산량의 65%를 차지하며, 가장 빠르게 성장 중인 소재다. 가공이 쉽고 가격이 저렴해 면 다음으로 가장 많이 쓰인다. 대표적인 열가소성 섬유로 열을 가해 형태를 영구적으로 고정시킬 수 있다. 주름이 잘 생기지 않고 쉽게 변형되지 않으며, 강도와 내화학성, 내열성도 뛰어나다.

단점은 염색이 어려워 색이 선명하지 않고 흡습성이 매우 낮다. 그러나 다른 섬유와 섞어 실을 만들면 수분을 통과시킬 수 있고 마찰에 잘 견뎌 혼방직물로 많이 쓴다. 특히 면과 함께 쓰면 단점인 정전기와 흡습성을 보완하고 면 특유의 구김은 줄어들어 일석이조다.

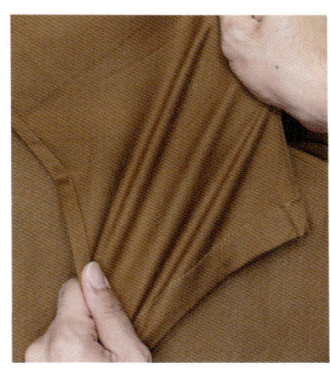

폴리우레탄 polyurethane

폴리우레탄의 함량이 85% 이상인 고탄력섬유. 가벼우면서 고무처럼 신축성이 뛰어나고, 잘 늘어나는 만큼 복원도 빠르다. 듀폰에서 생산하는 스판덱스 spandex가 대표적이다. 폴리우레탄이 등장하면서 코르셋의 천연고무를 대체하고, 물에 젖으면 처지던 수영복에 형태 안정성을 부여할 수 있게 됐다. 1985년 이후 스포츠 의류에 필수적으로 혼방되었고, 지금은 일상복부터 신발, 가죽에까지 폭넓게 쓰인다. 그러나 뛰어난 탄성과 달리 강도가 낮고 햇빛에 매우 약해 단독으로 쓰기보다는 다른 섬유와 혼방하여 쓴다. 가격이 높은 편이지만 3~8% 정도의 소량만 섞어도 원단에 충분한 신축성을 얻을 수 있어 제품의 최종 가격에는 크게 영향을 미치지 않는다. 국내 제품으로는 효성에서 생산하는 크레오라 creora와 태광산업의 에이스란 acelan이 있다.

폴리프로필렌 (PP, polypropylene)

석유를 정제하는 과정에서 생기는 부산물인 프로필렌을 중합하여 만든다. 섬유 중에서 가장 가벼우면서도 높은 강도를 자랑한다. 특히 마모와 굴곡에 강해 구김이 거의 생기지 않고 보온성이 매우 뛰어나다. 초기에는 열과 햇빛에 약하고 염색성이 낮아 의류 소재로 한계가 많았으나 1990년대 후반, 물보다 가볍고 수분을 전혀 흡수하지 않는다는 점을 활용해 스포츠 의류의 소재로 사용하면서 재조명받았다. 물을 흡수하지 않고 세균이 번식하지 못하며, 오염에도 강해 산업 분야에서 포장과 코팅 소재로 활발히 쓰인다. 건축 분야에서는 초고강도 콘크리트 제조를 위한 보강재로 이용한다. 생산 과정에서 에너지 소비량이 적고 녹는점이 낮아 재활용이 쉬운 편이다.

슈퍼섬유

금속보다 높은 강도와 탄성을 지닌 섬유를 총칭한다. 아라미드 섬유, 유리섬유, 탄소섬유, 초고강도 폴리에스터 섬유 등이 있다. 단독으로 쓰이기보다는 플라스틱, 금속과 함께 복합재료로 사용하고 건축에서는 막재, 구조보강재, 내외장재로 적용한다.

유리섬유 glass fiber

규사, 석회암 등 유리의 원료를 녹인 유리액에 압력을 가해 실처럼 가늘게 만든 고강도의 가벼운 섬유. 유리는 오래전부터 쓰였으나 섬유 형태로 사용하기 시작한 것은 19세기부터다. 무기질 섬유라 부식이 일어나지 않고 흡음성과 단열성, 불연성이 뛰어나 건축, 자동차, 선박, 가전 분야에서 활발하게 쓰인다. 또한 콘크리트의 강성을 높이기 위해 철근을 더하듯 플라스틱에 유리섬유를 더해 복합재료인 섬유강화플라스틱을 만든다. 다른 물질을 섞어 강도와 탄성을 높인 섬유강화플라스틱은 항공기나 보트 등의 구조재, 낚싯대, 전기기구의 절연재로 쓰인다. 보강재로 폴리프로필렌, 탄소섬유 등 여러 종류의 섬유를 사용하지만 그중에서도 유리섬유를 가장 많이 쓴다.

탄소섬유 carbon fiber

전체 질량에서 탄소의 함유율이 90% 이상인 섬유 형태의 탄소 재료. 셀룰로오스, 아크릴, 폴리아크릴로나이트릴 등의 유기섬유를 비활성 기체 속에서 1,000~3,000℃로 가열해 탄화시켜 만든다. 대개 검은색, 회색이고 금속과 같은 광택을 띤다. 가열 과정에서 산소, 수소, 질소 등의 분자가 빠져나가 알루미늄보다 가벼우면서 철보다 높은 탄성과 강도를 지니게 된다. 이러한 탄소 재료의 물성과 섬유의 형태적 특성이 합쳐져 내열성, 내충격성, 내마모성, 전기·열전도성이 뛰어나다. 또 화학약품에 강하고 해충에 대한 저항성이 크다. 이러한 특성 덕분에 낚싯대, 골프채, 테니스 라켓 등의 스포츠 용품, 자동차나 항공기의 동체와 내열재, 토목 분야의 경량재, 전기통신 산업의 안테나 등 여러 분야에서 고성능 산업 소재로 널리 쓰인다.

아라미드 섬유 aramid fiber

정확한 명칭은 방향족 폴리아미드 aromatic polyamide 로, 지방족 폴리아미드 섬유인 나일론과 구분하기 위해 아라미드라 부른다. 높은 강도, 내열성과 절연성, 내약품성을 함께 갖춰 고분자 물질 분야에서 나일론 이후 가장 획기적인 발명으로 꼽힌다.

화학원소가 결합하는 위치에 따라 **파라계 아라미드** para-liked aramid 와 **메타계 아라미드** meta-liked aramid 로 구분한다. 파라계 아라미드는 철보다 가벼우면서 강도와 탄성이 매우 뛰어나 방탄복, 방탄헬멧, 섬유강화플라스틱의 보강재 등에 쓰인다. 절단 저항성이 크고 열절연성이 있어 산업용 보호 의류나 장갑에도 사용된다.

메타계 아라미드는 화학약품이나 열에 쉽게 영향을 받지 않아 소방복, 고온용 필터, 내열용 피복 재료 등 장시간 고온에 노출되는 환경에 쓰인다.

Story of Fabric

특수 섬유

기술이 계속 발달하면서 섬유는 천연섬유의 특성을 구현하는 것에서 한발 더 나아가 새로운 특성을 창조하는 영역에 도달했다. 건축에서 활발하게 쓰이지는 않지만, 독보적인 기능을 갖춰 앞으로의 활용이 더 기대되는 특수 섬유를 소개한다.

광섬유 optical fiber

빛의 신호를 전달하는 가느다란 유리 또는 플라스틱 섬유. 굴절률이 매우 높은 섬유를 통로로 사용하면 중심축을 벗어나지 않으면서 빛을 먼 곳까지 전송할 수 있다는 원리를 바탕으로 개발됐다. 유리의 재료이기도 한 높은 순도의 석영, 광학적 성질이 우수한 고분자 물질을 원료로 사용한다.

주요 용도는 광통신 시스템, 조명, 의료 분야다. 광통신 시스템은 엄청나게 빠른 속도로 켜고 꺼지는 특수 레이저를 광원으로 사용해 신호를 전달하는 방법으로, 전자 신호와 광신호를 서로 변환해야 하는 단점을 제외하면 기존의 케이블 시스템을 혁신적으로 대체한다. 예전의 구리 케이블보다 정보 전송량이 월등하게 많고 손실되는 양도 거의 없다. 현재 대부분의 통신 회사가 대규모 광섬유 케이블망을 이용하고 있으며, 태평양과 대서양 사이에 해저 광섬유 케이블을 가설해 통신망으로 쓰기도 한다. 조명 분야에서는 반도체나 LCD 제조업체에서 품질을 검사하는 공정에 사용하거나 박물관에서 유물을 비추는 조명, 경관조명으로 쓴다.

©NASA

스마트 섬유 smart fiber

주위의 환경 변화에 대응하는 기능을 갖춘 섬유. 미국 항공우주국NASA에서 개발한 상변화 기술PCM을 접목해 사람의 체온에 따라 자동으로 적정 온도를 맞춰주는 발열섬유, RFID Radio Frequency Identification를 이용해 위치추적 시스템을 갖춘 섬유 등이 있다. 그중에서도 IT 기술을 접목한 전자섬유가 대표적이다. 섬유 또는 원단에 센서나 집적회로를 내장하여 외부 정보를 감지 하고, 처리하여 얻은 결과물을 전달한다. 섬유의 외관은 디스플레이나 디지털 기기의 형상을 한층 유연하고 편안한 웨어러블 wearable 기기로 탈바꿈시킨다. 처음 게는 군사, 소방 등에서 방호 목적으로 연구를 시작했고 최근에는 전쟁, 화재 등의 위급한 상황이나 의료를 목적으로 상태를 파악하고 소통하는 용도까지 확대해 개발 중이다. 건축에서는 공조, 조명 등의 설비를 제어하는 인텔리전트 빌딩의 자재, 사람의 동선을 감지하는 카펫 등으로 활용 가능하다.

섬유의 종류별 물성과 특징

종류	면	마	모	견	비스코스레이온
비중	1.54	1.5	1.32	1.25	1.23~1.53
표준수분율(%)	7~8.5	7~10	14~16	9	12
강도(g/d)	2.5~5.9	5.6~6.3	1~1.7	3~4	1.7~2.3
신도(%)	7~7.6	1.5~2.3	30	15~25	18~24
다림질 최고온도(°C)	220	260	150	150	220
탄성(2% 신장 후의 탄성회복률, %)	74	65	99	92	82
레질리언스 (변형 회복 능력)	★	★	★★★★	★★★	★★
내열성	우수	우수	부족	부족	우수
내알칼리성	우수	우수	부족	부족	부족
내산성	부족	부족	약산에 강함	약산에 강함	부족
내균성	부족	부족	우수	우수	부족
내충성	부족	우수	부족	우수	우수
염색성	우수	우수	최우수	우수	우수
생분해성	우수	우수	우수	우수	우수
내일광성	장시간 노출되면 강도 저하	부족	강도 저하, 황변	강도 저하, 황변	장시간 노출되면 강도 저하
용도	의류, 침구류, 쿠션·소파 커버, 식탁보	로프, 어망, 돛, 커튼, 침구류	고급 의류, 소파 커버, 카펫, 이불솜	스카프, 넥타이, 한복, 인테리어 소품	의류, 커튼, 식탁보

+TIP

섬유와 실의 굵기를 나타내는 단위

섬유와 실의 굵기는 번수, 데니어, 텍스 등의 단위로 표기한다. 먼저 **번수**yarn number는 면, 마와 같이 짧은 단섬유와 이를 엮어 만드는 실의 굵기를 나타내는 단위다. 1lb의 무게가 되기 위해 필요한 실타래의 개수로 측정하고, 숫자가 클수록 굵기가 가늘다. 1타래의 길이는 섬유마다 기준이 조금씩 달라 같은 번수라도 종류에 따라 굵기에 차이가 있다. 일반적으로 10~20수의 실은 외투나 청바지처럼 두꺼운 의류에 쓰이고, 20~30수는 커튼, 타월 등 인테리어 제품에 많이 쓰인다. 속옷이나 티셔츠 등 얇은 의류는 30~60수를 쓰고, 100~120수까지도 사용하지만 그만큼 가격이 높다. **데니어**denier는 합성섬유, 재생섬유 등 길이가 긴 장섬유와 장섬유로 만든 실의 굵기를 표시하는 국제 단위다. 길이가 9,000m인 실의 무게가 1g일 때, 1D라 규정한다. 무게가 5g이면 5D가 된다. 번수와 반대로 숫자가 클수록 원단이 두껍고 무겁다. 경량성이 중요한 의류는 주로 10~30D의 원단을, 텐트처럼 내구성이 중요한 경우에는 70D를 사용한다.

아세테이트	나일론	폴리에스터	아크릴	폴리우레탄	폴리프로필렌
1.32	1.14	1.38	1.16~1.18	1.2	0.91
6.5	4	0.4~0.5	1~2.5	0.3~1.3	0.1
1.2~1.4	4.6~6.4	4.3~5.5	2.2~4.2	0.6~1	4.5~7.5
23~35	28~42	20~32	20~50	500~800	25~60
150	150	150	150	150	추천하지 않음
80~95	100(8% 신장 후)	97	80~99	95~99(50% 신장 후)	75~100
★★★	★★★★★	★★★★	★★★★	★★★★★	★★★
부족	부족	부족	부족	부족	부족
부족	우수	우수	약알칼리에 강함	약알칼리에 강함	우수
부족	약산에 강함	우수	우수	우수	우수
우수	우수	우수	우수	우수	우수
우수	우수	우수	우수	우수	우수
부족	우수	부족	부족	염색 가능	부족, 강도 저하
면, 레이온보다 낮음 화학섬유보다 높음	부족	부족	부족	-	-
강도 저하	강도 저하, 황변	우수	최우수	강도 저하, 황변	강도 저하
의류, 담배 필터	자동차용 섬유, 스포츠 의류, 양말, 스타킹, 카펫, 칫솔, 어망, 낚싯줄	자동차용 섬유, 커튼, 카펫, 이불솜	스웨터, 인조모피, 담요 등 양모 대용 소재	속옷, 스포츠 의류, 스타킹	담요, 포장재, 기저귀, 부직포, 솜, 티백, 보호복

Reportage

면화로 만드는 선과 면(綿)

× 일신방직 연구개발팀 이승호 팀장

미국과 브라질에서 바다를 건너온 면화(목화솜)는 한 올 한 올 분리하여 잡아당기고 엮는 과정을 거쳐 얇고 긴 실이 된다. 일신방직은 면화를 이용해 면 원단의 재료가 되는 실인 면사를 만드는 방적업체로, 1951년 창업해 국내 섬유산업의 전성기를 주도했다. 대부분의 방적 공장이 인건비가 저렴한 베트남, 인도로 옮겨간 지금도 광주에서 꾸준히 면사를 생산하고 있다. 면사 생산이 한창이던 광주2공장에서 섬유 가닥이 흩날리는 새하얀 풍경을 들여다봤다.

인터뷰 정경화 인터뷰이 일신방직 연구개발팀 이승호 팀장 취재 협조 퍼시픽 트레이딩 김태환 이사

감씨(감): 국내 1위 면사 생산업체다. 어떤 종류의 원사를 생산하나?
이승호(이): 광주1, 2공장에서는 면사를 비롯해 다양한 원사를 제조하고, 안산에 위치한 반월 공장은 염색을 담당한다. 광주1공장에서는 면사뿐 아니라 면에 폴리에스터, 레이온, 마 등 다른 섬유를 섞은 혼방사, 여러 색으로 염색한 섬유를 조합해 만드는 멜란지사 등 수익성이 높은 제품을 다양하게 생산한다. 반면, 이곳 광주2공장은 순수한 면사에 집중한다. 생산 공정을 자동화해 대량생산이 가능하도록 특화했다. 이곳에서는 하루 5만 8,000kg, 연간 2만 640t의 면사를 생산한다.

△△ 일신방직 연구개발팀 이승호 팀장.
△ 광주2공장 전경.

감: 유독 면사에 집중하는 이유가 있나?
이: 그동안 수많은 화학섬유가 개발되었지만 몸에 닿는 속옷은 여전히 면으로 만든다. 그만큼 인체에 편안하다. 사람들은 기본적으로 면을 좋아한다. 늘 가까이에 두고 사용해왔고 앞으로도 꾸준히 쓰일 것이다. 이를 지속하기 위해 다양한 아이템을 개발하는 것이 우리 과제다.

감: 면의 장단점은 어떤 것이 있나?
이: 섬유 자체에 공극이 있어 가볍고 보온이 잘 되며, 흡습성이 높아 염색이 쉽다. 또, 화학섬유보다 보풀 같은 하자가 적다. 단점은 땀을 잘 흡수해 무거워진다. 주름이 잘 생기고 오랜 기간 햇빛에 노출되면 변색될 수 있어 관리가 중요하다.

감: 면화가 면사가 되기까지의 과정을 간략히 소개해 달라.
이: 한 문장으로 요약하자면, 솜뭉치를 가늘게 엮고 가다듬는 것을 반복해 얇고 긴 형태를 만드는 과정이다. 공정을 거치면서 솜뭉치는 밧줄의 형상을 닮은 슬라이버 sliver가 되고, 노끈의 모습이 되었다가 얇은 실로 완성된다.

감: 생산하는 면사의 종류가 다양하다.
이: 기본적으로 면사는 원심력을 이용해 한 방향으로 한 가닥씩 감는 링방적법 ring spinning system 으로 생산한다. 이때, 가닥을 조합하고 감는 방식에 따라 촉감, 형태 등의 성질이 조금씩 달라지고 종류가 나뉜다.

MVS사는 특수한 공법을 적용해 슬라이버에서 곧바로 실을 뽑아낸다. 슬라이버의 일부는 심지가 되고 나머지는 소용돌이처럼 심지를 휘감는 구조로 만든다. 심지를 켜켜이 감싸기 때문에 링방적사에 비해 잔털이 훨씬 적다. 잔털이 적어 촉감은 까슬까슬하지만, 몸에 달라붙지 않아 청량하고 보풀 덜 생긴다.

슬러브사 slub yarn 와 **패치사** patched yarn 는 하나의 실 내에서 두께에 변화를 주어 실 자체에 무늬를 만든다. 슬러브는 본래 두껍고 굵은 형상으로 결점을 뜻하는데, 슬러브사는 인위적으로 일부분의 굵기를 2~4배 두껍게 만든다. 굵기가 달라지는 구간의 길이도 1~5cm로 조정이 가능하다. 굵기 변화로 인한 색감의 차이와 다채로운 무늬 덕분에 커튼 같은 장식용 원단에 많이 쓰인다. 몸에 달라붙지 않아 티셔츠 소재로도 좋다. 패치사는 슬러브사의 방식을 두 가닥으로 만든 것으로, 한 가닥은 심지가 되고, 나머지 한 가닥이 나오는 속도와 빈도를 조절해 무늬를 구현한다.

원료인 면화를 가지런히 정리하고 불순물을 제거해 밧줄의 모습을 닮은
슬라이버로 만드는 과정.

갑: 생산한 면사는 어떤 용도로 쓰이나?
이: 대부분은 의류, 그중에서도 편성물의 재료가 된다. 의류용 원단은 크게 직물과 편성물로 나뉜다. **직물**은 실을 수직으로 교차하는 직조 방식으로 제작한 원단이다. 와이셔츠, 청바지 등에 쓰이고 침구용 원단도 대부분 직조하여 만든다. **편성물**은 뜨개질하듯이 고리를 만들어 짜는 원단으로 스웨터, 티셔츠가 대표 제품이다.
 또한 면사는 굵기를 나타내는 단위인 번수에 따라 품종이 나뉘고 용도가 조금씩 달라진다(p.37 참고). 이곳에서는 10~50수의 면사를 생산한다.
 우리가 생산한 원사를 폴로, 아디다스와 같은 글로벌 의류 브랜드의 국내 OEM 업체에 납품하면, 그곳에서 원단을 짜고 염색, 재봉해 옷을 만든다. 국내 업체이지만 대부분 해외에 공장을 두고 있어 생산한 원사의 80% 가까이는 수출한다.

갑: 원료인 면화는 어디에서 들여오나?
이: 국내에는 목화를 방적 가능한 길이로 재배하는 곳이 없어 해외에서 전부 수입한다. 면화는 농산물이라 나는 곳에 따라 품질이 다르기 때문에 여러 산지에서 나는 것을 섞어 쓴다. 우리는 미국과 브라질, 인도에서 들여온다.

갑: 나라마다 면화의 품질에 차이가 있나?
이: 면화 자체의 품질은 비슷하지만 생산 공정을 관리하는 정도가 조금씩 다르다. 미국, 브라질, 인도 순으로 품질의 편차가 크고 가격이 저렴하다. 기계로 면화를 수확하는 미국, 브라질과 달리 인도에서는 사람이 직접 수확한다. 그러다 보니 천 조각, 노끈 등의 이물질이 많다. 작은 조각 하나만 들어있어도 생산과정에서 찢어지고 흩어져 새하얀 면사에 큰 결점이 된다. 그래서 인도산 면화는 여러 색상이 섞여 이물질이 드러나는 정도가 덜한 멜란지사에 한하여 쓴다.

Story of Fabric

감: 국내 방적업체는 대부분 인건비가 저렴한 중국, 베트남으로 생산 기지를 옮겼다.

이: 원사의 가격에는 원료의 가격과 인건비가 가장 큰 영향을 미친다. 특히 국내에서는 인건비가 제조원가의 75% 정도로 차지하는 비중이 압도적이다. 최근에는 미·중 무역분쟁으로 인해 면화의 가격이 계속 떨어졌다. 원료의 가격이 낮아지는 것은 언뜻 제조사에 유리하게 들리지만 2~3개월분의 원료를 미리 구매하는 방적업체는 비싸게 사서 싸게 팔아야 하는 상황에 처한다. 게다가 한국은 중국, 인도 등에 비해 인건비가 훨씬 높아 상황이 더 어렵다.

감: 그렇다면 어떻게 경쟁력을 갖추려 하나?

이: 품질과 생산성 사이에서 적절한 지점을 찾아야 한다. 품질을 높이는 방법은 간단하다. 더 많은 인원을 투입해 공정을 관리하고, 생산 속도를 낮춰 실의 강도를 높이고, 짧은 섬유와 불순물을 더 많이 제거하면 된다. 하지만 이런 방법으로 품질을 높이다 보면 생산성이 떨어진다. 우리는 더 빠르게 제조하면서 품질은 유지하는 방법을 계속 연구한다. 현재 다른 업체보다 2,000rpm 정도 빠른 속도로 생산하면서 품질은 같게 유지하고 있다. 계속해서 공정을 자동화하고 효율적인 생산과 관리 방식을 고민한 결과다. 그럼에도 원면 가격이 계속 낮아지다 보니 요즘에는 적자다.

감: 요즘에는 어떤 원사가 인기인가? 새로이 개발 중인 원사가 있다면 소개해 달라.

이: 친환경이 이슈가 되면서 오거닉사 organic yarn가 주목받는다. 오거닉사는 인도에서 화학비료나 농약을 쓰지 않고 만든 유기농 원면이다. 수확량이 많지 않고 가격도 일반 면사보다 10% 이상 높지만 찾는 사람이 점점 늘고 있다.

최근에는 면과 폴리에스터를 섞어 만드는 중공섬유를 개발 중이다. 이 섬유로 만든 원사를 이용해 제품을 완성한 후, 높은 온도를 가하면 폴리에스터만 녹아 없어진다. 실의 형태를 유지하면서 폴리에스터가 있던 부분만 비워져 가볍고 땀을 빨리 흡수한다.

불순물을 제거하는 정소면 공정을 쉽게 할 수 있도록 섬유를 기계로 눌러 평평하게 정리하고 있다.

일신방직 광주2공장은 공정의 자동화를 통해 대량생산에 특화하여, 하루 5만 8,000kg, 연간 2만 640t의 면사를 생산한다.

일신방직 광주2공장
원사 생산공정

광주2공장은 원면을 보관하는 창고부터 완제품을 포장해 출고하는 곳까지 공정을 따라 설비가 순차적으로 이어진다. 얇은 원면 가닥을 꼬고 늘려 강도를 갖춘 실을 만드는 과정을 따라가본다.

1 원면 입고 컨테이너로 들여온 원면의 품질을 확인한다. 섬유의 크기, 강도, 단섬유 함유량, 색상 등을 측정하고 결과를 바탕으로 원면의 조합 비율을 결정한다. 한 포대 단위를 표라 하는데, 이곳의 창고에서는 1~2개월분을 보관하고 하루에 약 350표를 사용한다.

2 혼타 blowing&mixing 담요처럼 쌓여 있는 원면을 공장 실내의 온습도에 익숙해지도록 일정 시간 그대로 두었다가 혼타기를 이용해 작은 솜뭉치 크기로 조각조각 뜯어낸다. 혼타면기와 믹서기를 거치며 이물질을 제거하고 원면 조각을 골고루 섞는다.

3 소면 carding 원면을 풀어헤친 다음 짧은 섬유를 제거하고, 긴 것을 이어서 밧줄 모양의 슬라이버를 만든다. 실의 형태가 처음으로 만들어지는 공정으로, 품질의 60~70%를 좌우하는 중요한 단계다.

4 정소면 준비 정소면 공정을 쉽게 하기 위한 준비 단계. 여러 가닥의 슬라이버를 가지런히 배열해 평평한 랩 lap 형태로 만든 다음 도넛 모양으로 감아서 옮긴다.

Story of Fabric

5 정소면 combing 섬유를 빗질하고 짧은 섬유를 제거하는 단계. 이 공정을 거친 원사는 정소면사(코마사, combed yarn), 이 공정을 건너뛰고 생산한 원사는 소면사(카드사, carded yarn)라 부른다. 정소면사는 강도, 길이, 촉감 등 모든 면에서 소면사보다 품질이 높다.

6 연조 drawing 6~8 가닥의 슬라이버를 모아 롤러로 평평하게 누르고 길이 방향으로 잡아당겨 굵기를 일정하게 만드는 공정. 이 공정을 마친 슬라이버를 연조 슬라이버라 한다.

7 조방 roving 정방의 준비 단계. 연조 슬라이버에 1in 당 0.98번 정도의 꼬임을 주고, 가늘게 늘려 노끈과 비슷한 모습인 로빙으로 만든다. 공정이 끝나면 추에 감긴 로빙은 정방기로 자동 운반된다.

8 정방 spinning 실의 굵기를 본격적으로 결정하는 단계. 실을 누르고 잡아당겨 원하는 굵기로 늘이고, 꼬임을 주어 강하게 만든다. 가는 실을 만들 때는 롤러가 천천히 돌고, 굵은 실은 빠르게 돈다.

9 권사 winding 실의 결점을 제거하고 필요한 양과 형태로 감는 공정. 두께가 일정하지 않거나 결점이 있는 부위는 기계가 자동으로 감지하여 잘라내고 다시 잇는다.

10 포장 완성된 실은 벨트를 타고 하조장까지 자동으로 이동한다. 진공상태에서 고온고압을 가해 원사를 단단하게 굳히는 세팅 공정을 거치고 나면 품질을 검사하고 포장한다.

2

APPLICATION OF FABRIC

2.1 Interior Fabric
2.1.1 Usage of Interior Fabric
2.1.2 Interview 1
2.1.3 Interview 2
2.1.4 Fabric Curation
2.1.5 Interview 3
2.1.6 Interview 4

2.2 Exterior Fabric
2.2.1 Fabric Facade
2.2.2 Interview 1
2.2.3 Interview 2
2.2.4 Interview 3
2.2.5 Interview 4

2.1

Interior Fabric

실내 공간의 패브릭

패브릭은 벽지부터 카펫, 마감재 등으로 다양하게 활용되며 분위기를 좌우한다. 실내 공간의 패브릭 자재를 소개하고 적재적소에 맞는 제품을 고르는 방법을 함께 살펴본다.

Usage of Interior Fabric

공간에
옷을 입히다

패브릭은 스스로 형태를 구축하는 것이 어려워 대부분 사물이나 구조체 위에 덮어서 사용한다. 덕분에 옷을 바꿔 입는 것처럼 패브릭을 교체하는 것만으로 분위기를 바꿀 수 있다. 실내 공간 속 패브릭의 쓰임새를 살펴보고 각각의 용도에 적합한 소재는 무엇인지 알아본다. 글 정신오

고려 요소: 심미성 > 내구성 > 유지관리

패브릭은 종류가 매우 다양해 선택을 망설이게 된다. 가장 쉬운 방법은 옷처럼 전체적인 균형을 살피는 것이다. 예를 들어, 소파의 덮개는 배경이 되는 벽지와 채도나 명도를 맞추고, 테이블, 카펫 등과 비슷한 질감으로 통일한다. 주변의 요소와 결을 맞추면 공간 전체와 조화를 이룰 수 있다.

또한 실내용 패브릭은 신체와 자주 접촉해 마모되거나 오염이 생기기 쉽다. 그래서 내구성을 높이기 위해 방염, UV코팅 등의 가공을 한다. **방염**은 화재의 확산 속도를 낮추기 위한 가공이다. 특정 용도, 정해진 규모 이상의 공간에는 반드시 방염자재를 쓰도록 법적으로 규정한다. **UV코팅**은 자외선을 산란시켜 햇빛에 오랜 시간 노출되어도 변색이 일어나지 않도록 하는 방법이다. 주로 커튼이나 소파, 쿠션 등에 적용한다. **발수**와 **방오**는 액체를 쏟았을 때 스며들지 않고, 오염을 쉽게 제거할 수 있도록 하는 가공으로, 패브릭을 손쉽게 관리할 수 있게 돕는다.

월 패널 wall panel

캔버스처럼 합판이나 목재 틀에 원단을 걸어 만든 패널. 석조 건축이 일반적인 서양에서 실내의 분위기를 유연하게 만들기 위해 적용했다. 국내에서는 거실의 한쪽 벽면을 꾸미는 아트월이 유행하면서 월 패널로 개성을 더하는 사례가 늘고 있다.

크기에 따라 활용법이 다양하다. 층고와 동일한 높이로 제작하면 가벽처럼 사용할 수 있다. 월 패널 시스템이 익숙한 서양에서는 흡음성이 우수한 패브릭을 적용해 흡음보드로 활용하거나 작은 크기로 제작해 액자처럼 쓰기도 한다. 두께는 50mm가 일반적이지만 액자처럼 사용할 경우 하중으로 인해 떨어질 수 있어 15mm 내외로 제작해야 한다. 소재는 양모처럼 보풀이 생기기 쉬운 재질보다는 면처럼 조직이 치밀하고 내구성이 우수한 원단이 적합하다.

월 패널은 크기에 따라 가벽, 액자 등으로 다양하게 활용할 수 있다.

업홀스터리는 크게 침장류, 가구류, 소품류로 구분한다.

업홀스터리 upholstery

사전적으로는 패브릭으로 만든 실내장식을 의미하지만 일반적으로는 가구를 덮는 원단을 통칭한다.

용도에 따라 침장류, 가구류, 그리고 소품으로 구분한다. 침장류는 40수의 면이나 마처럼 촉감이 부드럽고 땀을 잘 흡수하는 천연섬유 원단을 많이 사용한다. 소파는 주로 면, 그중에서도 10수의 캔버스와 20수의 옥스퍼드를 많이 쓴다. 캔버스는 평직으로 짠 면직물로 원단이 두껍고 처짐이 적다. 옥스퍼드는 두 올 이상의 씨실과 날실을 엮는 바스켓직으로 짠 면직물로, 평직보다 올의 교차점이 적어서 부드럽고 구김이 적다. 두 천 모두 실이 굵고 조직이 튼튼해 내구성이 필요한 곳에 안성맞춤이다. 세탁해도 표면이 손상되지 않아 유리관리가 간편하다. 의자 등받이, 쿠션처럼 작지만 공간에 생기를 더하는 부위는 가구와 색을 맞추거나 색색깔의 실을 함께 짜거나 직조해 패턴을 만드는 자카드 jacquard처럼 화려한 원단을 사용한다.

카펫은 충격을 흡수하는 기능이 우수해 도서관처럼 소음을 줄여야 하는 공간에 적용한다.

패브릭 바닥재

섬유를 직조해 만든 바닥재. 일교차가 큰 중앙아시아와 서아시아, 기온이 낮은 서유럽과 북미에서 냉기를 막기 위해 사용했다. 우리나라는 여름에는 습하고 겨울에는 온돌을 사용했기 때문에 잘 쓰지 않았고 현대에 들어서야 인테리어의 요소로 주목받기 시작했다. 크기에 따라 바닥 전면을 덮으면 카펫, 그보다 작은 것을 러그로 구분한다.

① **카펫** carpet 평평하게 짠 직물에 매듭을 묶거나 보풀을 만들어 부피감을 더한 것. 과거에는 양모로 만들었으나 가격이 비싸고 관리가 어려워 최근에는 외관이 비슷하면서 쉽게 오염되지 않는 아크릴을 많이 적용한다. 두께가 두꺼워 충격을 완화하고, 소리를 흡수하는 기능이 우수해 유동 인구가 많은 공간이나 소음을 줄여야 하는 사무실에 적용한다. 단점은 쉽게 오염되고, 면적이 넓어 관리가 어렵다.

② **러그** rug 카펫보다 작은 크기의 바닥재로, 관리가 편하지만 쉽게 밀려 바닥면에 미끄럼 방지 처리가 필요하다. 주방, 침실 등 다양한 공간에 쓰이고, 최근에는 테이블이나 소파 위에 덮어 장식용으로 사용하기도 한다. 주로 면, 양모, 아크릴, 폴리프로필렌 등으로 만든다.

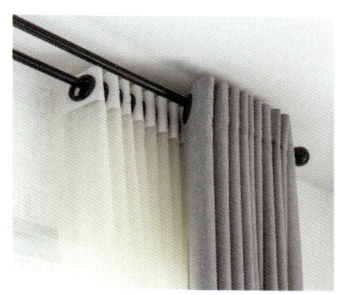

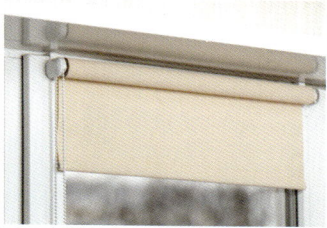

커튼은 여닫는 방식, 작동 방향에 따라 원단커튼과 롤스크린으로 구분한다.

커튼 curtain

창이나 문 앞에 설치하는 휘장으로, 실내 채광을 조절하고 외기를 차단하기 위해 사용한다. 최근 IoT$^{Internet\ of\ Things}$ 기술이 접목되면서 버튼으로 손쉽게 여닫을 수 있도록 바뀌고 있다. 여닫는 방식에 따라 원단커튼과 롤스크린으로 나뉜다.

① **원단커튼** 주거 공간에서 가장 일반적으로 사용하는 방식. 단을 좌우로 움직여 채광을 조절한다. 창문과 가까운 곳에 위치하므로 다른 패브릭 자재보다 외기의 영향을 많이 받는다. 습도에 의해 수축되거나 밑단에 주름이 생기지 않도록 폴리에스터, 레이온처럼 탄성과 유연성이 우수한 소재를 사용한다.

폭은 창문 폭보다 1.5~2.5배 넓게 제작해야 완전히 닫아도 주름이 지며 공간을 풍성하게 만든다. 또 커튼을 이중으로 설치하는 경우, 10cm의 간격을 유지해야 속 커튼이 겉 커튼에 밀려 이동하지 않는다.

② **롤스크린** 롤에 천을 감은 뒤 높낮이를 바꾸며 채광을 조절하는 형태. 여러 개의 발로 구성된 블라인드, 버티컬과 달리 하나의 원단으로 채광을 조절한다. 외관이 깔끔해 상업 공간, 업무 공간 등 다양한 곳에 적용한다. 단점은 위아래로 작동하기 때문에 채광과 통풍을 효과적으로 조절하기 어렵다.

+TIP

실내 패브릭이 반드시 갖춰야 할 방염성

'소방시설설치유지 및 안전관리에 관한 법률'에 따르면 커튼, 카펫, 두께가 2mm 미만인 벽지 등의 패브릭 자재는 **방염 대상**에 해당한다. 해당 자재는 화재가 발생했을 때 표면의 난연성 물질이 화학반응을 하면서 물을 생성해 불길이 커지지 않도록 처리해야 한다. 방염처리하는 직물로는 면, 레이온, 나일론, 폴리에스터 등이 있다.

방염처리 방법은 생산과정에서 방염처리를 하는 **선처리 방식**과 원단을 만든 후 방염제를 도포하는 **후처리 방식**이 있다. 전자는 고분자 상태인 원료 단계나 방사 과정에서 방염제를 혼입한다. 원료 자체가 방염용으로 제작되어 다른 용도로 사용하기 어렵고, 주로 물량이 많을 때 이용한다. 선처리 방식의 대표 섬유로는 레이온, 아세테이트, 나일론, 폴리에스터가 있다. 후처리 방식은 직물에 방염제를 바르고 굳히는 방법이다. 완제품을 만들고 난 후에도 방염 여부를 선택할 수 있어 일반적으로는 후처리 방법으로 가공한다. 레이온, 나일론, 폴리에스터가 이에 해당한다.

방염처리한 패브릭은 한국소방산업기술원(KFI, Korea Fire Institute)의 기준에 따라 성능을 확인한다. 평가 기준은 잔염시간과 잔진시간, 탄화 면적으로, 부위와 두께에 따라 기준이 조금씩 다르다. 선처리 제품은 첨가물로 인해 연기량이 늘어나면 2차 피해를 일으킬 수 있어 최대 연기밀도도 함께 확인한다. 아래의 기준에 부합한 제품은 제조 업체와 상품번호, 소재, 혼용률이 표기된 방염 스티커를 원단이나 포장지에 부착해야 한다.

종류	잔염시간(초)	잔진시간(초)	탄화길이 및 면적	최대 연기밀도(Dm)
카펫	20초 이내	-	10cm 이내	400
단위면적(1m^2)당 중량이 450g 이하인 얇은 포	3초 이내	5초 이내	20cm 이내 30cm^2 이내	200
단위면적(1m^2)당 중량이 450g 초과인 두꺼운 포	5초 이내	20초 이내	20cm 이내 40cm^2 이내	200

* 잔염시간: 점화원을 제거한 때부터 불꽃이 사라지지 않고 연소가 끝날 때까지의 시간.
* 잔진시간: 점화원을 제거한 때부터 불꽃이 사라지고 연소가 끝날 때까지의 시간.

Interview 1

천연섬유로
벽을 직조하다

벽지는 패브릭과 함께 실내 공간의 분위기를 연출하는 중요한 요소다. 하지만 주거 공간에 보편적으로 쓰이는 벽지는 공장에서 천편일률적으로 생산되어 개성과 특별함이 부족하다. 여명벽지는 종이 실을 엮어 만든 벽지를 생산해 차별성을 둔다.

인터뷰 **정신오** 인터뷰이 **여명벽지㈜ 이준한 실장** 사진 제공 **여명벽지㈜**

감씨(감): 종이나 PVC poly-vinyl chloride **가 아닌 섬유 벽지라니 독특하다.**
이준한(이): 1960년대 산업화 이전까지 우리나라는 풀을 건조한 뒤 손으로 엮어서 만든 초경, 종이로 만든 실인 지사로 벽지를 만들었다. 그러나 경제가 발전하고 인건비가 급격하게 오르면서 섬유 벽지의 생산 공장을 중국이나 다른 동남아시아 국가로 옮겼다. 빈자리는 기계로 생산하는 종이 벽지가 빠르게 채웠고 1980년대에는 종이 위에 PVC를 코팅한 실크 벽지가 등장했다. 모두 생산성은 우수하지만 디자인이 일률적이다. 우리는 이러한 시장에서 전통 방식의 벽지를 고집하며 '디자인'과 '친환경'으로 차별성을 주고 있다.

감: 기성 종이 벽지와 비교해 강점은 무엇인가?
이: 가정집에서 흔히 사용하는 벽지는 다량의 화학물질을 원료로 사용한다. 제조사에서는 탄소 배출량이 기준치 이하라는 점을 내세워 친환경이라 광고하지만 에탄올, 포름알데히드, 벤젠과 같은 휘발성 유기화합물(VOC, Volatile Organic Compound)의 방출량을 따지면 친환경 제품이라 볼 수 없다. 대표적으로 실크 벽지라 불리는 제품은 PVC와 가소제를 녹인 후 종이에 코팅하여 만든다. 붕어빵에 붕어가 없는 것처럼 실크 벽지는 실크가 없고, 단지 광택만 비닐로 구현한 제품이다. 또 이들은 벽과 벽지 사이에 공기가 잘 통하지 않아 곰팡이가 쉽게 생긴다. 반면 여명벽지는 식물성 섬유인 셀룰로오스로 만들어 원료부터 제조, 사용, 폐기에 이르는 모든 과정에서 환경 오염물질을 배출하지 않는다. 자연에서 시작해 자연으로 돌아가는 친환경 자재이면서 성능도 우수하다. 식물성 섬유는 공기 중에 있는 수분의 8~12%를 흡수하고 방출하면서 실내 습도를 조절한다. 외기의 온도변화를 실내에 고스란히 전달하지 않고 자체적으로 통제하니 쾌적한 환경을 유지할 수 있고, 보온에도 효율적이다. 또한 셀룰로오스는 화재 전파속도가 느리다. 화재 안전성에 있어 미국의 ASTM과 유럽의 CE 규격에서 모두 최고 등급을 확보했다.

감: 섬유 벽지는 어떻게 만드나?
이: 종이를 염색한 다음 얇게 재단하고 꼬아서 실을 만든다. 일반 벽지는 실을 만드는 과정에서 색을 입힌다면 우리는 원료 단계에서 종이를 염색하고 꼬임을 주기 때문에 천연 염색처럼 불규칙한 멋을 줄 수 있다. 염색을 마치면 300~500가닥의 날실을 도투마리[1])에 감고, 씨실을 위아래로 한 가닥씩 번갈아 집어넣어 면을 만든다. 이 공정은 원단을 만드는 과정과 유사하다. 차이가 있다면 종이 실은 1초에 한 가닥의 씨실로만 직조할 수 있어 생산 속도가 느리다. 그래서 한 시간에 약 9m, 하루에 200m 정도만 생산할 수 있다.

감: 최대로 생산 가능한 규격은 어느 정도인가?
이: 최대 약 44in(110cm)의 폭까지 만들 수 있다. 하지만 운반과 시공상의 편의를 고려해 보통 36in(91cm)로 생산한다.

△△ 섬유 벽지의 원료인 지사를 얇게 켠 종이를 1cm 당 0.2회 꼬아서 만든다.
△ 지사로 면을 만드는 과정.

감: 종이를 직조했을 때의 장점은 무엇인가?
이: 습도가 높은 날 비닐장판 위를 걸으면 습기 때문에 발바닥이 바닥에 찐득하게 달라붙는다. PVC가 수분을 흡수하지 못해서다. 하지만 천연 벽지는 공기 중의 수분을 흡수하고 방출하면서 스스로 환경을 조절한다. 그래서 표면이 여름에는 시원하고, 겨울에는 따뜻하다.

감: 실의 굵기, 짜임 정도에 따라 벽지의 느낌이 달라진다.
이: 실은 많이 꼴수록 가늘어진다. 예를 들어 1cm의 실을 1회 꼬면 폭이 3~4mm 정도로 넓적한 형태가 되고, 같은 길이에 30회의 꼬임을 주면 훨씬 가늘어진다. 벽지는 1cm당 꼬임이 0.2개인 굵은 실을 사용한다. 그래야 흡음성과 흡습성이 높고 입체감이 뚜렷하다.

감: 패턴은 어떤 방식으로 인쇄하나?
이: 섬유층 위에 인쇄하는 것은 일반 종이, 비닐 벽지와는 조금 차이가 있다. 종이 벽지는 흔히 오프셋2)이나 그라비아3) 방식 등으로 쉽게 인쇄할 수 있다. 하지만 섬유 벽지는 꼬은 면 사이까지 색을 입히기 위해 그보다 더 많은 양의 잉크를 도포한다. 그래서 심도가 깊은 그라비아 롤러를 사용하거나 패턴 틀을 대고 잉크를 입혀 무늬를 찍는 스크린 프린팅 방식으로 패턴을 인쇄한다.

감: 유지관리를 위해 개발하거나 적용한 기술이 있다면 소개해 달라.
이: 섬유 벽지는 먼지가 잘 쌓일 것이라고 오해하지만, 먼지는 정전기가 쉽게 발생하는 비닐 벽지에 더 많이 흡착된다. 우리는 공기는 통하면서 물은 튕겨내도록 표면을 발수 코팅해 자체적으로 오염을 제거하도록 했다.

감: 국내보다는 해외시장에 집중한다. 국내 시장과 비교하면?
이: 도배 문화는 전통 실내 건축양식과 관련 있다. 우리나라는 예부터 흙을 쌓아 집을 지었다. 그래서 천장과 벽에 종이를 붙여 흙이 실내로 떨어지지 않도록 했다. 이러한 도배 문화는 콘크리트로 집을 짓는 지금도 생활 깊숙이 자리 잡고 있다. 이사를 하면 대부분은 제일 먼저 장판을 바꾸고 도배를 한다. 하지만 구조체를 가리는 정도로 생각하기에 소재는 크게 신경 쓰지 않는다. 자연스레 획일적인 종이 벽지나 실크 벽지를 고른다.

반면 미국이나 유럽은 도배가 일반적이지 않다. 미국의 가정집은 합판으로 벽을 세우고 페인트로 도장하는 것이 익숙하다. 벽지를 쓴다면 반드시 페인트와는 다른 독특한 질감을 가져야 한다고 생각한다. 단순 마감재가 아니라 실내를 장식하는 요소로 인식하기 때문이다. 석조 건축물이 많은 유럽에서는 외기를 차단하고 흡음성을 높이기 위해 태피스트리 같은 직물로 실내를 장식했다. 벽에 패브릭을 장식하는 것에 익숙했기에 벽지를 직물로 생각한다. 그래서 벽지를 '바른다paste'가 아닌 '건다hang'고 표현한다. 이처럼 서양에서는 벽지를 추위, 더위, 오염 물질로부터 공간을 보호하면서 옷처럼

섬유 벽지는 직조 방식이 곧 무늬로 나타나 패턴이 자연스럽고 표면이 입체적이다.

아름다움을 더하는 요소로 생각하기 때문에 질감이 강한 섬유 벽지를 많이 찾는다.

감: 에코융합시험연구원, 한국생산기술연구원, KOTITI시험연구원과 함께 끊임없이 제품을 개발, 연구 중이다.

이: 3D프린팅 기술은 일률적인 대량생산이 아닌 개인 맞춤형 제품을 제작하는 데 의의가 있다. 마찬가지로 벽지 역시 천연 소재 특유의 불규칙한 멋을 산업화해야 한다. 우리는 여러 섬유, 친환경 연구소와 협력하여 색상과 패턴의 반복이 없는 원단을 연구 중이다.

용어정리
1) 도투마리: 베틀의 한 부분으로 날을 감아 베틀 앞다리 너머의 채머리 위에 얹는 틀을 말한다;.
2) 오프셋 인쇄: 인쇄판과 고무롤러를 사용해서 종이에 인쇄하는 방식. 금속 인쇄판에 칠해진 잉크가 고무롤러를 통해 종이에 묻는다.
3) 그라비아 인쇄: 판의 오목하게 들어간 부분에 잉크를 채우고 압력을 주어 찍어내는 음각인쇄 방식.

이준한 (여명벽지㈜ 실장)
섬유공학과 도시계획 학사, 공간 디자인 석사, 텍스타일 디자인 박사과정을 마치고 2005년부터 지금까지 여명벽지㈜ 디자인연구소 실장을 역임하고 있다. 건국대학교 텍스타일 디자인 겸임교수로 학생을 지도한 바 있으며 지금은 국제무역사로서 여명벽지㈜의 수출과 R&D 분야를 담당하고 꾸준히 새로운 제품을 연구개발 하고 있다.

Interview 2

공간과 패브릭의 관계를 말하다

1998년 크리에이션 바우만creation baumann의 원단을 들여와 인테리어 코디네이션을 했던 유앤어스는 현재 '데다DEDAR', '짐머 앤 로드Zimmer&Rohde' 등 세계적으로 유명한 패브릭 브랜드의 제품을 독점으로 수입한다. 뿐만 아니라 워커힐, 호텔 안다즈 서울 강남 등에 제품과 적용 방식을 계획하기도 했다. 유앤어스 디자인연구소는 "패브릭은 오감을 자극하는 소재로, 공간에 주는 영향력이 매우 크다"고 말한다.

인터뷰 정신오 인터뷰이 유앤어스 김수현 이사, 송지연 디자이너

감씨(감): 유앤어스는 건축과 인테리어에 쓰이는 다양한 제품군을 수입한다. 어떤 제품군이 있나?
김수현(김): 타일을 제외하고 공간을 이루는 대부분의 마감재를 선보인다. 그중 가장 핵심은 패브릭으로, 스무 개 이상의 패브릭 브랜드를 유통하고 있다. 제품군은 벽지, 월 패널, 커튼, 카펫, 러그 등 다양하다. 그 밖에 카펫, 러그와 함께 사용하면 좋은 목재 바닥재, LVT도 선보인다.

감: 성능 면에서 뛰어난 브랜드가 있다면 소개해 달라.
김: 크리에이션 바우만은 직접 기능성 원사를 개발한다. 특히 흡음 패브릭으로 잘 알려져 있다. 흡음성을 0부터 1까지의 수치로 나타내는데, 일반 패브릭은 기본적으로 흡음이 우수해 보통은 0.2~0.3 정도다. 이곳에서는 자체 개발한 흡음 원사를 더해 수치를 0.7~0.8까지 끌어올린다. 기능성 원사를 직조한 면을 어디에 배치하는지에 따라 실외의 소음을 차단할지, 실내에서 소리가 새어 나가는 것을 막을지 등 흡음의 방향까지 선택할 수 있다. 그 밖에도 자외선 차단, 방수 등 다양한 성능을 연구하고 개발한다. 생활에 꼭 필요한 기능을 발 빠르게 접목하고 제안하기에 공간 코디네이션에 자주 적용하는 브랜드다.

감: 패브릭은 가벼워서 어디에나 쉽게 적용할 수 있지만 동시에 내구성이 떨어진다는 단점이 있다.
김: 내구성이 높은 패브릭을 원한다면 합성섬유 원사로 제작한 제품을 택하면 된다. 지금은 합성섬유가 많이 개발되어 닳아서 못 쓰는 경우는 거의 없다. 햇볕에 노출돼 색이 바래는 일도 줄었다. 하지만 간혹 내구성이 높으면서 천연섬유로 제작한 제품을 찾는 경우가 있다. 천연섬유만으로는 합성섬유만큼의 내구성을 기대하기 어렵다. 천연섬유로 만든 자재는 햇빛, 습도 등 날씨에 따른 변화가 원단에 고스란히 드러난다. 심한 경우 수축하거나 늘어나기도 한다. 천연섬유 제품을 원한다면 기후에 대한 반응을 하자가 아닌 자연스러운 현상으로 받아들여야 한다.

감: 브랜드나 제품을 큐레이션 할 때 중점적으로 고려하는 것은?
김: 패브릭은 소재를 고른 뒤 주름, 가공 방식 등을 고객의 취향에 맞게 맞춤 제작하는 비스포크bespoke 자재다. 그래서 고객의 수요와 트렌드에 맞춰 제품을 구성하는 것이 중요하다. 우리는 매년 1월 프랑스 파리에서 열리는 '메종 & 오브제MAISON&OBJET Paris'를 방문해 패브릭의 트렌드를 분석한다. 또 패브릭 회사에서 신제품을 출시하면 제품에 대한 설명을 듣고, 공간에 적합한 제품을 큐레이션 한다.

쇼룸인 머티리얼 라이브러리에서는 제품과 적용 방식 등을 상담받을 수 있다.

감: 최근 패브릭 시장의 쟁점은 무엇인가?
김: 최근에는 IoT 시스템이 주목받는다. 얼마 전까지만 해도 손으로 커튼을 열고 닫았다면 이제는 버튼만 누르면 여닫는 것은 물론, 개폐 각도까지 조절한다. 앞으로는 이에 대한 수요가 더 높아질 것이다. 패브릭에 대한 지식만으로는 트렌드를 따라가기 어려워 우리도 전기나 설비 등에 대해 끊임없이 공부하고 있다.

감: 공간에 직접 패브릭을 적용하는 코디네이션도 진행한다.
송지연(송): 패브릭은 소재와 질감이 다양해 전문 지식이 필요하다. 우리는 소재가 낯선 디자이너에게 적절한 브랜드와 제품, 시공 방식을 제안한다. 프로젝트는 업홀스터리 같은 부분적인 자재부터 로비, 갤러리, 호텔, 업무 공간까지 규모가 다양하다. 2019년 개관한 호텔 안다즈 서울 강남Andaz Seoul Gangnam에서는 총괄 디렉터 피에트 분Piet Boon이 콘셉트로 정한 '조각보'와 결을 맞춰 공간 전체에 조각보의 조직감을 느낄 수 있는 카펫을 배치했다.

감: 코디네이션 과정에 대해 소개해 달라.
김: 첫 단계는 도면 분석이다. 창문처럼 면적이 작은 부위도 공간의 규모를 확인해야 적절한 패턴과 크기를 제안할 수 있다. 도면 분석 후에는 현장을 방문해 적용 환경을 파악한다. 패브릭은 1mm의 차이도 매우 크므로 직접 실측해 치수를 확인한다. 그 다음 적합한 색, 소재, 가공법을 고민한다.

송: 소재와 색을 선택하고 나면 주름과 디테일, 변수를 고려해야 한다. 패브릭은 주름 모양에 따라 다른 분위기를 연출한다. 주름이 촘촘할수록 여성스럽고, 주름이 적을수록 모던한 느낌이다. 또한 옆단 보더border, 밑단에 접혀 들어간 시접의 길이에 따라 디자인이 달라진다. 이런 세부 사항을 놓치는 경우가 많은데, 공간을 풍성하게 만들기 위해서는 마무리까지 세심하게 신경 써야 한다.

커튼용 원단을 선택하는 경우 트리밍도 함께 마련되어 있어 해당 패브릭과 어울리는 제품을 바로 확인할 수 있다.

감: 코디네이션은 설계의 어떤 단계에서 진행하나?
김: 건축가가 바닥의 높이, 벽의 두께 등 세부적인 사항을 계획하려면 소재의 조건을 알아야 한다. IoT 시스템을 적용하는 경우, 전선의 위치, 설치 방식도 함께 고려해야 한다. 그래서 기본 설계 단계부터 전체적인 연출을 함께 계획한다. 설치한 커튼 박스가 작거나 바탕면에 벽지를 붙일 수 없는 등 예상치 못한 상황이 발생했을 때는 마감재를 시공하는 과정에 투입되기도 한다. 그럴 때는 부자재를 덧대거나 월 패널을 제작하는 등 상황에 맞춰 시공법까지 함께 고민한다.

감: 패브릭을 선택할 때 함께 고려하면 좋은 인테리어 요소가 있다면?
김: 벽지와 함께 계획해야 전체적으로 균형을 이룰 수 있다. 벽지는 패브릭의 배경이 되어 공간의 풍경을 연출한다. 우리는 상담할 때 벽지의 색을 확인하고, 때로는 역으로 패브릭에 어울리는 벽지를 제안하기도 한다.

감: 패브릭 시장에서 개선되어야 할 점이 있다면?
김: 최근 해외 디자이너가 총괄 디렉터로 참여해 국내 호텔을 계획하는 사례가 늘고 있다. 이들 중 일부는 데다나 짐머 앤 로드처럼 디자인이 독특하고 고급스러운 제품을 지정한다. 하지만 실시 설계 단계에서 비용이 많이 든다는 이유로 모사품을 제작해 공간에 적용하는 경우가 더러 있다. 디렉터가 패브릭을 직접 지정하는 것은 디자인뿐 아니라 공간의 질을 높이기 위해서다. 이에 대한 존중과 인식 개선이 필요하다.
　코디네이션을 서비스로 받아들이는 태도도 바뀌어야 한다. 코디네이션은 설계처럼 많은 연구가 필요하다. 커튼 하나를 달더라도 그에 맞는 가공과 시공법을 찾기 위해 며칠을 고민한다. 패브릭 코디네이션 또한 디자인의 영역으로 존중받아야 한다.

바닥재로 쓰이는 카펫타일을 정사각형으로 자른 뒤 공중에 매달아 전시 공간을 꾸몄다.

감: 쇼룸을 리뉴얼한 이후 새로운 시도를 하고 있다.

김: 패브릭과 디자이너를 연결하기 위해 작가와 협업을 진행했다. 스위스의 가구 브랜드 비트라가 초기에 임스 부부 Charles & Ray Eames 같은 디자이너와 협업해서 제품을 만든 것처럼 아티스트의 좋은 작품을 소재와 연결하는 것이다. 지금까지 건축 거장 르 코르뷔지에 Le Corbusier, 일러스트레이터 장 줄리앙 Jean Julian, 화가 권철화의 작품을 카펫으로 제작했다. 앞으로도 다양한 디자이너와 협업할 예정이다.

작년부터 현대백화점의 리빙브랜드 에이치바이에이치 HbyH에 우리가 디자인한 쿠션을 납품해 소비자와의 접점을 늘리고 있다. 아직은 쿠션과 커튼 정도지만 쇼룸에서 공간 코디네이션 상담을 진행하는 등 B2C 범위를 조금씩 넓혀갈 예정이다.

김수현(유앤어스 이사)

경희대학교에서 주거환경학과 석사과정을 수료했다. 1997년 ㈜인피니 청담을 설립하고, 운영총괄 매니저로 지냈으며 2016년 ㈜신명산업 S&N 디자인 퍼니처 상무이사를 역임했다. 현재는 유앤어스 디자인연구소 이사로 한국타이어 사옥의 마감재와 가구, 한화 수안보 연수원의 마감재를 코디네이션 했다. 그밖에도 삼성동 그랜드 인터컨티넨탈 서울 파르나스의 마감재를 제안하는 등 다수의 프로젝트를 진행했다.

62 **Application of Fabric**

2층 규모의 머티리얼 라이브러리. 패브릭을 포함해 바닥재, 벽지 등 다양한 마감재 샘플이 진열되어 있다.

+1 최고의 재료와 최신의 기술이 만나다

명품 패브릭을 만들다

유앤어스 아이랩I Lab 디자인연구소는 패브릭의 미와 기능을 끊임없이 연구하는 브랜드로 데다와 크리에이션 바우만을 꼽는다. 최고의 패브릭을 만들기 위해 수백 년에 걸쳐 연구하는 두 브랜드를 소개한다.

자료 제공 유앤어스

데다는 가정용 패브릭 제품을 선보이는 하이엔드 패브릭 브랜드로, 재료의 고유한 물성을 살린 질감과 세밀하게 세분화한 색감으로 잘 알려져 있다. 제품의 70%는 텍스타일에 역사가 깊은 이탈리아 코모Como지역에서 만들고, 30%는 특정 소재에 기술이 특화된 곳에 제작을 의뢰한다. 제품은 주거 공간에 사용하는 '가정용', 상업 공간이나 호텔에 쓰이는 '커머셜', 외부에 적용할 수 있는 '아웃도어', 그리고 선박이나 크루즈선에 쓰이는 '마린'으로 적용 범위를 구분한다.

가정용
주로 천연섬유를 소재로 한 제품으로, 재료 본연의 질감을 살리는 데 집중한다. 최고급 양모를 20μm의 굵기로 가늘게 만들어 마와 유사한 질감을 구현한 '씨엘로cielo'처럼 익숙한 소재로 독특한 질감을 표현하기도 한다.

커머셜commercial
합성섬유로 기능성을 높이면서 천연섬유의 질감을 구현한 제품. 주로 내구성이 중요한 업홀스터리에 적용한다. 커머셜의 대표 제품인 '슈퍼내추럴 컬렉션Supernatural Collection'은 마, 면, 비스코스, 캔버스를 혼합한 뒤에 폴리우레탄으로 코팅해 색상이 균일하고 얼룩이 잘 지지 않는다.

아웃도어outdoor
야외에서 사용하는 제품. 아크릴, 폴리프로필렌 등을 이용해 마모에 강하고, 외기로 인한 오염이 적다. 또한 직조하기 전에 원사를 염색해 햇빛에 오랜 시간 노출되어도 색이 변하지 않는다.

마린marine
대형 크루즈선, 럭셔리 요트 등 해상 공간에 적용하는 제품은 염분에 노출되기 때문에 성능 평가 기준이 까다롭다. 양모 부클레가 풍부한 '카라코럼karakorum'은 안락한 분위기를 연출할 수 있어 디자이너와 건축가가 선호하는 패브릭이다. 또다른 마린 패브릭, '립스틱lipstick'은 폴리에스터로 만들어 방염 성능이 우수하고, 센티미터(cm)당 밀도가 120D인 날실을 사용해 내구성이 탁월하다. 또한 새틴의 광택을 가지고 있어 고급스럽다.

©DEDAR

©Dedar, Andrea Ferrari

취재 협조 유앤어스 @youandus_official
자료 제공 DEDAR www.dedar.com
creation baumann www.creationbaumann.com

Application of Fabric

+2 패브릭에 기술을 채우다

천연섬유를 추구하는 대부분의 하이엔드 브랜드와 달리 크리에이션 바우만은 합성섬유인 폴리에스터를 적극적으로 이용한다. 특히 흡음, 단열을 비롯해 자외선 차단, 내구성 등 패브릭에서 기대하지 못했던 성능을 더해 활용도를 높인다.

흡음성

직접 개발한 흡음 원사를 이용해 만든 '어쿠스틱 패브릭 acoustic fabric'은 빛을 투과할 정도로 두께가 얇지만 기성품보다 흡음성이 두 배 이상 우수하다. 특히 실내에 소리가 울리는 것을 효과적으로 잡아주어 회의실과 같은 사무 공간에 쓰인다. 사용 섬유에 따라 알파쿠스틱 alphacoustic, 델타쿠스틱 deltacoustic, 메가쿠스틱 megacoustic, 신포니어쿠스틱 sinfoniacoustic 으로 나뉜다.

열 차단

최근 아파트는 외부 조망을 위해 창을 크게 계획하는 추세인데, 열을 흡수하는 면적에 비해 환기 가능한 면적이 작아 실내가 과열되기 쉽다. '글래어 앤 히트 glare&heat 컬렉션'은 금속섬유와 폴리에스터를 혼합하여 만든 원사로 뒷면을 직조해 빛을 산란시킨다. 커튼이 반사판 역할을 하며 실내로 유입되는 빛의 양을 줄여주어 실내 온도가 급격하게 오르지 않도록 한다.

레이저 커팅으로 원단에 패턴을 만들어 그림자를 디자인하기도 한다. 유앤어스 아이랩 디자인연구소는 "방염성이 우수한 폴리에스터를 사용해서 레이저로 가공해도 그을음이나 실 풀림이 없다"고 한다. 원단에 격자 모양으로 틈을 낸 '레이저 스티치 알 laser stitch R'은 빛이 투과하면서 바닥에 체크무늬 그림자를 만들어 공간을 한층 풍성하게 한다.

내마모성

박물관에서는 유물이나 작품을 전시할 때 아래에 패브릭을 까는데 리넨이나 실크는 3~4년이 지나면 표면이 손상되고, 내구성이 감퇴한다. 이러한 원단은 접촉면에 유해물질이 생겨 작품을 훼손시킬 수 있다. 때문에 박물관에서는 오디 테스트 oddy test 를 통과한 패브릭을 사용한다. 오디 테스트는 온도 60℃, 습도 100%의 환경에서 구리나 은, 납 스트립을 함께 배치한 상태로 28일 동안 보관했을 때의 변화 정도를 바탕으로 내마모성을 평가하는 시험이다. '우니소노 unisono'는 면을 밀실하게 직조해 온도, 습도에 대한 반응성을 낮췄다. 덕분에 유해 물질 방출량이 줄어 한번 설치하면 7~8년가량 사용할 수 있다.

Fabric Curation

적재적소
패브릭 큐레이션

공간의 용도에 따라 사용자의 행태가 달라지고, 패브릭에 요구되는 기능도 조금씩 차이가 생긴다. 아이가 있는 집부터 일시적으로 운영하는 팝업 스토어까지 적재적소의 패브릭을 소개한다. 자료 제공 유앤어스

아이가 자라는 주거 공간

아이와 함께 지내는 공간이라면 화사한 색의 패브릭으로 활기찬 공간을 연출해보자. 크리에이션 바우만의 '움브리아 틴토 Umbria tinto'는 수채화 물감이 퍼지듯 여러 가지 색이 부드럽게 이어지는 제품이다. 커튼으로 사용하면 밋밋한 공간에 생기를 더할 수 있다. 색상은 크리스마스가 떠오르는 빨강과 초록, 보색 대비가 매력적인 노랑과 파랑, 그리고 봄을 연상케 하는 노랑과 분홍의 세 가지 조합이 있다.

바닥에는 충격을 완화하면서 공간에 포인트가 되는 러그를 추천한다. 디자이너 샤롯데 랜슬롯 Charlotte Lancelot 과 간 GAN이 함께 디자인한 러그, 다이아몬드 Diamond는 육각형을 중첩한 기하학 패턴의 제품으로, 다각형이 겹치면서 나타나는 오묘한 색 변화가 특징이다.

배경이 되는 벽과 바닥은 무늬가 단순한 제품으로 균형을 맞추자. 네덜란드의 베스컴 VESCOM사에서 생산하는 컬러 초이스 Colour choice는 페인트의 질감을 패턴으로 시각화한 벽지다. 표면을 비닐로 코팅해 낙서도 쉽게 지울 수 있어 아이의 공간에 안성맞춤이다. 바닥은 어떤 색과 배치해도 조화로운 톤 다운된 오크 원목마루를 제안한다.

추천 제품
1 Umbria tinto (creation baumann)
2 Diamond (GAN × Designer Charlotte Lancelot)
3 Shade Oak Stone Grery Plank (Tarkett)

일정 기간 운영하는 팝업 스토어

팝업 스토어는 정해진 기간 동안 많은 손님을 유도해야 하므로 대개 화려하고 눈에 띄는 제품을 적용한다. Y자로 틈을 내 육각형 패턴을 만든 크리에이션 바우만의 '칼비노 포르마 Calvino Forma'는 절개면 사이로 패브릭 너머의 공간을 비춘다. 좁은 틈을 통해 보이는 풍경은 보는 이로 하여금 궁금증을 자아낸다. 17세기 중국의 병풍에서 영감을 받은 데다의 '실크버드 골드 Silkbird gold' 역시 이목을 집중시키면서 접이식 파티션으로 가변적으로 사용할 수 있어 팝업 스토어에 효과적이다.

바닥은 LVT를 권한다. 이 제품은 기존의 비닐타일과 비교해 내구성이 우수하다. 또 시공이 쉽고 유지관리가 편해 일시적으로 운영하는 공간에 적합하다.

추천 제품
1 Calvino Forma (creation baumann)
2 Silkbird gold (DEDAR)

집중도를 높여야 하는 사무실

사무 공간의 바닥은 대개 카펫타일로 마감해 소음을 줄이고, 관리의 편리성을 높인다. 인터페이스에서 출시한 비주얼 컬렉션 visual collection 의 '하드 드라이브 hard-drive'는 회색으로 안정감을 주고, 언뜻언뜻 화려한 색감의 원단을 배치해 밋밋할 수 있는 공간에 생기를 더한다.

회의실처럼 실내의 소리가 밖으로 새어 나가지 않는 것이 중요한 공간에는 흡음성이 우수한 '어쿠스틱 패브릭'을 권한다. 크리에이션 바우만의 '신포니어쿠스틱 sinfoniacustic'은 우수한 흡음성으로 프라이버시를 확보하면서도 소재는 속이 비칠듯 얇아 시각적인 답답함을 해소한다.

추천 제품
1 visual code collection, hard drive (Interface)

Application of Fabric

부티크 호텔

카펫타일과 러그는 시각적인 아름다움을 더하고 충격을 완화해 보행감을 좋게 만든다. 때문에 호텔에서는 대부분 롤 카펫과 러그를 적용한다. 카펫 브랜드, 타이핑taiping이 바다의 물결에서 영감을 받아 만든 '오파린OPALINE'은 비정형 무늬로 수면을 바라보듯 오묘한 분위기를 연출한다. 양모를 층층이 엮은 직조 방식은 하나의 러그 안에 여러 층을 만들어 질감에 재미를 준다.

객실은 시차 적응을 하지 못한 투숙객, 빛에 민감한 이용자 등이 공간을 편안하게 이용할 수 있도록 암막 기능을 갖춘 패브릭을 추천한다. 크리에이션 바우만의 '딤머 드라이브Dimmer Drive'는 밝은 색의 원단에 색색의 실로 스티치 패턴을 넣어 암막 커튼 하면 떠오르는 답답하고 밋밋한 이미지를 탈피했다.

바닥은 벽, 커튼보다 패턴이 화려한 제품을 적용해 생동감을 높이기를 권한다. '파르켓 헥사곤PARQUET HEXAGON'은 다각형을 반복적으로 배치해 새로운 형태를 만드는 테셀레이션tesellation 기법을 적용한 제품으로, 평평한 바닥이 입체적으로 보이는 착시효과를 줘 공간을 재치있게 만든다.

추천 제품
1 OPALINE 1 (TAIPING)
2 DIMMER DRIVE (creation baumann)
3 PARQUET HEXAGON (GAN)

interview
3

패턴과 질감으로
공간의 분위기를
살리다

-

마음제곱미터
김빛나, 윤경희 공동 실장

-
살롱salon은 17~18세기 유행했던 프랑스인들의 사교 모임으로, 당시 귀족들은 정해진 날이면 한 공간에 모여
정치, 예술, 문화 등에 대해 자유롭게 토론했다. '합정 문학살롱 초고'는 이름처럼 17~18세기 살롱의 모습을
닮았다. 어두운 조명과 짙은 회색의 패브릭은 복잡한 합정 거리에서 공간의 개성을 한층 짙게 만든다. 이곳에서
사람들은 조용히 독서를 즐기고 이야기를 나눈다. 인터뷰 정신오 사진 이종훈

Application of Fabric

감씨(감): 합정 문학살롱 초고에 대해 소개해 달라.

김빛나(김): 영화 〈미드나잇 인 파리〉에서 주인공 길 펜더는 우연히 마주친 마차를 타고 현대와 유행, 문화 등 모든 것이 다른 1920년대를 여행한다. 과거의 세계에서 그는 어니스트 헤밍웨이, 거트루드 스타인을 만나 자신의 소설에 관해 이야기한다. 우리는 이곳이 영화 속 1920년대 세계처럼 주변과 단절된 공간으로 느껴지도록 복잡한 합정동 거리와 대조되는 어둡고 고요한 분위기로 계획했다. 방문객은 색다른 공간에서 공연을 보고 이야기하면서 마치 비밀 아지트처럼 이곳을 이용한다.

감: 주변과 단절하기 위해 어떤 건축적 장치를 계획했나?

김: 직육면체 공간 한 켠에 3.3m의 벽을 두어 입구와 책방 공간을 구분하는 복도를 만들었다. 복도는 외부와 서가의 완충 공간인 동시에 영화 속 마차처럼 방문객을 다른 공간으로 인도하는 안내자다.

실내는 독서와 대화가 가능한 정도의 조도만 확보하고 전체적으로 어둡게 계획했다. 디밍이 가능한 조명이라 내부 행사에 따라서 밝기를 조절할 수는 있지만, 평소에는 전반적으로 어둡다. 화려한 밤거리를 거닐다 이곳에 들어서면 갑작스레 마주한 어둠에 자연스럽게 목소리를 낮추고 희미하게 새어 나오는 빛을 쫓게 된다.

감: 복도 벽면을 패브릭으로 마감한 것이 인상적이다.

김: 앞서 말했듯 이곳에는 최소한의 빛만 있다. 특별한 행위가 일어나지 않는 복도는 다른 공간보다 더 어두워 벽을 더듬으며 지나야 한다. 시각적 자극이 줄어들면 자연스레 촉각이 예민해진다. 그래서 소재에 더욱 신경 썼고 페인트나 타일처럼 흔하지 않으면서 질감의 거친 정도를 선택할 수 있는 패브릭을 사용했다.

합정 문학살롱 초고

설계 마음제곱미터
위치 서울특별시 마포구 독막로2길 30 지하 1층
면적 70m²
구조 철근콘크리트조
주요 마감 패브릭, 테라코타타일, 무늬목, 벽돌
완공 2019년 4월

사용한 패브릭

소재 함침 스웨이드
가공 방식 염색
규격 130cm

복도의 벽과 천장, 커튼을 모두 파피루스 질감의 패브릭으로 마감하여 책 속으로 빨려 들어가는 듯한 분위기를 연출했다.

책을 읽고 음료를 마실 수 있는 바 공간 전경.

감: 어떤 질감을 의도했나?

윤경희(윤): 오래된 책의 파피루스 종이처럼 매끄럽지는 않으면서도 보드라운 질감을 원했다. 그래서 직접 동대문 원단시장을 돌아다니면서 샘플을 하나하나 만져보고 골랐다. 벨벳처럼 폭신한 소재도 고려했지만, 쉽게 자국이 남고 관리가 어려워 사용하지 않았다. 최종적으로 선택한 것은 함침 스웨이드로, 스웨이드 직물을 수용성 폴리우레탄에 넣어 천연가죽 같은 질감을 낸 패브릭이다. 천연 스웨이드만큼 부드러우면서 유지관리가 쉽고 색이 다양한 것이 특징이다.

감: 어떻게 시공했는지 궁금하다.

김: 벽지는 대개 모서리에 접착제를 발라서 고정하는 '띄움 시공'을 한다. 하지만 함침 스웨이드는 종이보다 밀도가 높고 무거워서 이 방법으로 시공하면 천이 처진다. 그래서 모든 면에 접착제를 발라 고정했다.

윤: 패브릭을 벽지처럼 시공할 때는 바탕을 고르게 만드는 것이 중요하다. 먼저 합판 벽에 종이를 붙이는 초배 작업으로 표면의 요철을 덮었다. 그래도 결점이 있는 부분은 퍼티를 채워 평평하게 만들었다. 그 다음 천의 모서리를 타카로 고정하고 위에서부터 도배용 풀과 목공 본드를 발라서 붙였다. 패브릭을 붙일 때는 면이 우그러지지 않도록 팽팽하게 당겨야 한다.

감: 패브릭을 벽지처럼 사용했을 때의 장단점은 무엇인가?

윤: 흡음성이 높아진다. 합정 문학살롱 초고는 책을 읽는 장소인 만큼 그에 적합한 환경을 만드는 것이 중요했다. 하지만 공간이 지하에 위치한 데다 층고가 높고, 벽돌과 콘크리트처럼 단단한 재료로 마감돼 있어 소리가 잘 울렸다. 그래서 벽과 바닥에 패브릭을 써서 흡음성을 높였다.

김: 아쉬운 점은 비용이다. 패브릭은 단위 면적당(1m²) 단가가 벽지보다 약 2~2.5배 더 비싸다. 시공 과정이 복잡해 인건비도 더 많이 든다. 예산이 많지 않고, 재료 선택에 보수적인 주거 공간에서는 잘 쓰지 않는다. 또 벽지는 하루 정도면 납품이 되지만, 패브릭은 더 오래 걸린다. 많은 물량을 쓰는 자재가 아니니 제작이나 시공면에서 아직 불편함이 많다.

감: 인테리어 자재로 패브릭을 활용할 때 주의할 점이 있다면?

김: 보통 원단 시장에 가면 '스와치'라고 하는 손바닥 정도 크기의 샘플을 준다. 질감을 보기에는 적합하지만, 전체 패턴이 반복되는 정도를 확인하기는 어렵다. 샘플을 볼 때는 큰 원단을 참고하는 것이 좋다. 또 단순히 샘플만 보고 고르면 공간에 적용했을 때 계획했던 것과 다른 모습이 될 수 있다. 반드시 주변의 색감과 재료, 빛을 함께 고려해야 한다.

윤: 벽지처럼 적용할 예정이라면 꼭 배접하기를 권한다. 배접은 얇은 천이나 종이 뒤에 두꺼운 재료를 덧대는 것이다. 민화는 한지에 그렸지만 흐물거림 없는 것도 두꺼운 천에 한지를 올리고 풀을 칠해서 빳빳하게 만들었기 때문이다. 마찬가지로 패브릭도 원단 자체는 하늘하늘해서 고정이 어렵다. 뒤에 빳빳한 종이를 배접한 뒤 도배해야 작업이 간편하고 공기도 줄일 수 있다.

탈의실에 원색의 타포린 커튼을 적용해 공간에 생기를 더한다.

빈티집

설계 마음제곱미터
위치 서울특별시 마포구 어울마당로46 지하 1층
면적 123.3m²
구조 철근콘크리트조
주요 마감 노출콘크리트, 도장, 패브릭
완공 2019년 5월

사용한 패브릭
소재 타포린
가공 방식 열가소성 수지 양면 코팅

빈티집(2019)은 마감재를 제거하는 과정에서 생긴 요소를 그대로 유지해 거친 분위기로 계획했다.

감: 그밖에 패브릭을 사용한 프로젝트가 있다면?

윤: 합정동에 빈티지 의류를 판매하는 빈티집에 적용했다. 예산이 적은 프로젝트라 새로운 재료를 더하지 않았다. 대신 마감재를 뜯어내면서 남은 접착제 자국, 표면에 드러난 구조체 등 덜어내는 과정에서 생긴 요소들을 살려 거친 분위기로 계획했다. 기존의 것만을 활용하니 공간이 조금 밋밋해져 탈의실에 원색의 패브릭 커튼을 설치해 생기를 더했다.

사용한 패브릭은 '타포린taporin'과 '크래프트kraft' 두 가지다. 타포린은 주로 노점에 사용하는 천으로, 두껍고 방수성이 뛰어나다. 크래프트는 빳빳한 종이 질감의 패브릭이다. 갈색 종이 쇼핑백을 떠올리면 이해하기 쉽다. 처음에는 거칠지만 손이 탈수록 구겨지면서 부드러워지는 것이 특징이다.

모두 함침 스웨이드와는 달리 질감이 거칠고 빳빳하다. 너무 단단해서 커튼 핀을 꽂으면 바늘이 꺾이고 부러졌다. 바늘로 한 땀 한 땀 꿰느라 고생했지만 다행히도 타포린 특유의 원색 색감과 손이 탈수록 부드러워지는 크래프트 천이 포토존으로 공간의 중심을 잡아준다.

감: 이후에 적용하고 싶은 공간이나 부위가 있는지?

윤: 동대문에서 여러 원단을 보면서 패브릭이 인테리어 자재로서 활용도가 높다는 것을 알았다. 다음에는 주거 공간, 그중에서도 가구에 적용해보고 싶다. 소파, 이불 커버처럼 기존의 쓰임새 외에 붙박이장의 문, 책장 선반처럼 예상하지 못했던 곳 말이다. 천장도 가능성이 많다. 천으로 덮어 조명과 함께 배치하면 재밌을 것이다.

김빛나, 윤경희(마음제곱미터 공동 실장)

김빛나는 단국대학교에서 도예학과를, 윤경희는 캐나다 BCIT 컬리지 에서 인테리어 디자인학과를 졸업하고 주거 공간 전문 디자인 회사에서 실무를 쌓았다. 현재는 마음제곱미터를 공동 운영하고 있다. 2016년 아파트 인테리어 디자인으로 시작한 마음제곱미터는 주거 공간에서 경험한 사용자에 대한 이해와 따뜻한 감성을 카페, 의류 매장과 같은 상업 공간 등에 적용하며 성장하고 있다.

interview 4

약한 재료로 구현하는 강렬한 입체감

켄고 쿠마 앤 어소시에이츠
쿠마 켄고 대표

—
패브릭은 형태가 자유로움에도 불구하고 합판이나 벽에 고정하는 방식으로 제한되게 쓰여왔다. 일본의 건축가 쿠마 켄고 Kuma Kengo는 이러한 한정된 방식에 반기를 든다. 그는 20세기의 대표 산업재료인 철재, 콘크리트와 상반되는 물성의 소재를 이용해 '약한 건축'을 해왔다. 패브릭 또한 즐겨 쓰는 재료 중 하나다. 그는 패브릭의 유연한 물성을 입체적으로 활용해 일본의 WE 호텔 도야 WE Hotel Toya, 중국의 상하 상하이 Shang Xia Shanghai에 적용했다. 패브릭으로 자연을 닮은 공간을 만드는 건축가의 이야기를 들었다. 인터뷰 정신오

76　Application of Fabric

감씨(감): 인테리어 재료로써 패브릭의 장단점은 무엇인가?

쿠마 켄고(쿠마): 장점은 느슨함이다. 패브릭은 밀리미터(mm) 단위까지 세밀하게 계획된 공간의 긴장감을 형태적 유연함으로 완화한다. 특히 천을 접어서 사용하면 그냥 걸거나 붙였을 때는 볼 수 없는 입체적인 음양이 생기면서 바닥, 벽, 천장의 이음부를 부드럽게 표현할 수 있다.

그러나 형태적 특징은 단점이 되기도 한다. 공간은 시공 전에 모형을 만들거나 3D 시뮬레이션으로 형태와 분위기를 확인하지만 패브릭은 특유의 하늘거림이나 처짐 때문에 적용했을 때의 모습을 예측하기 어렵다. 확인하려면 실제 크기로 제작하고 다른 재료를 함께 배치해야 한다. 결국 현장에 설치할 즈음이 되어야 공간감을 알 수 있다.

감: WE 호텔 도야는 목재와 패브릭으로 아늑한 실내 공간을 만들었다.

쿠마: 양로원으로 이용하던 공간을 리모델링해 만든 호텔로, 주변이 숲과 도야 호수(洞爺湖, 도야코)에 둘러싸여 있다. 우리는 자연 요소가 공간과 조화를 이루도록 하기 위해 친환경 소재를 사용했다. 입구와 공용 공간의 벽은 지역에서 자란 삼나무(杉, 스기)를 적용했고, 레스토랑과 로비는 밀도가 낮고 거친 패브릭을 더해 목재와 결을 맞췄다.

WE 호텔 도야는 주변의 자연과 어울리도록 친환경 소재를 적용했다.

WE 호텔 도야 객실 전경.

감: 원단을 선택할 때에는 무엇을 중점적으로 고려했나?

쿠마: 프로젝트의 특징에 맞춰 소재를 선택하고, 무게와 밀도를 고려해 접는 방식과 배치를 결정한다. 이 프로젝트는 패브릭을 공용 공간에 적용하기 때문에 쉽게 오염되지 않으면서 강도가 높은 소재가 필요했다. 그래서 기능성을 갖춘 폴리에스터 직물을 사용했다. 그린 베이지 계열의 색이라 창가에 적용해도 자연과 이질감 없이 잘 어울린다.

감: 레스토랑은 벽과 천장이 이어지도록 계획했다. 특별한 이유가 있나?

쿠마: 공용 공간은 주변의 자연에 응답하는 유기적인 공간으로 만들려 했다. 그래서 패브릭으로 기둥과 천장을 아치형으로 연결해 동굴의 형태를 만들었다. 레스토랑에서 바라다보이는 풍경이 동굴 너머로 호수의 수면을 바라보는 것처럼 느껴지도록 연출한 것이다. 호수의 전경을 부드럽게 감싸니 액자 같기도 하다.

감: 벽과 천장은 어떻게 연결했나?

쿠마: 자루에서 갓이 펼쳐지는 버섯의 형태에 착안해 기둥 하단부에 패브릭을 고정하고, 천장에서 면이 활짝 펼쳐지도록 했다. 이때, 기둥을 감싸는 천은 마구잡이로 뭉치지 않고 일본에서 개발한 '미우라 접기(ミウラ折り, Miura fold)' 방식으로 규칙성을 더했다.

WE Hotel Toya
설계 KKAA
위치 일본 홋카이도 아부타군
연면적 5,330m²
완공 2018년 11월
사진 Kawasumi Kobayashi Kenji Photograph Office

천장에 볼륨이 생기도록 패브릭을 여유있게 고정해 입체적인 공간을 구현했다.

감: 미우라 접기에 대해 자세히 설명해 달라.

쿠마: 미우라 접기는 종이를 접어 갖가지 모양을 만드는 일본 전통놀이 '오리가미折り紙'에서 유래한 것으로, 수평 또는 수직 방향으로 길게 접은 종이를 사선으로 한 번 더 접고, 위아래로 지그재그가 되도록 포개는 접기 방식이다. 커다란 종이를 최소의 면적으로 접을 수 있어 미국 항공우주국NASA에서는 태양전지 패널을 우주로 보낼 때 적용한다. 우리는 패브릭에 이 방식을 활용해 공간 전체를 기하학적인 패턴으로 채웠다.

감: 천장까지 덮으면 조명이나 설비가 모두 가려진다. 공간을 사용하거나 설비를 보수할 때 어려움은 없나?

쿠마: 이곳에 적용한 직물은 투과성이 뛰어나 조명을 덮어도 크게 문제가 되지 않았다. 대신 천과 조명이 직접 닿지 않도록 조명박스를 설치했다. 그 밖에 공조시설을 위한 개구부, 피난 유도등처럼 반드시 노출되어야 하는 설비는 패브릭이 만나는 모서리에 길게 철물을 설치해 틈을 만들고 그 사이에 고정했다. 천은 모서리에 와이어를 연결한 뒤 커튼레일에 고정했다. 내부 설비에 문제가 생기면 커튼레일에서 와이어만 분리해서 수리하면 된다.

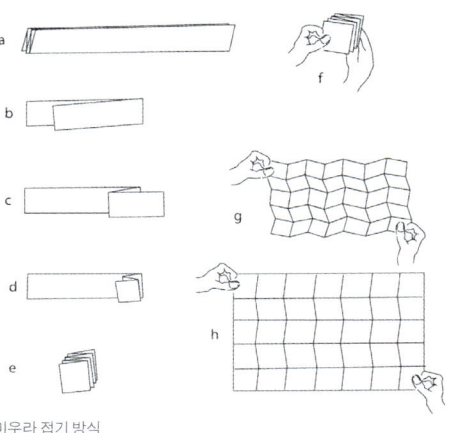

미우라 접기 방식

**감: 상하 상하이에서도 패브릭을 적용했다.
프로젝트에 대해 소개해 달라.**

쿠마: 상하 상하이는 리노베이션 프로젝트로, 상반된 방향을 뜻하는 건축주의 이름, '상하(上下)'에서 영감을 받아 '대조'를 콘셉트로 잡고 공간을 계획했다. 패브릭은 기존에 있던 벽돌과 사암, 타일의 단단한 물성과 상반되는 재료로 공간에 부드러움을 더한다.

감: WE 호텔 도야와 마찬가지로 천을 접어서 적용했다.

쿠마: 일반적으로 쓰이는 원단에 최신의 기술을 접목해 소재 자체에서 콘셉트인 '대조'를 드러내려 했다.

천은 X축, Y축, Z축의 3축 방향으로 접어 마름모꼴의 문양이 반복된다. 여러 방향으로 접으니 부위마다 다른 각도로 꺾이면서 구름처럼 불규칙한 볼륨감을 갖는다. 접힌 면에 빛이 반사되면 음양이 생기면서 공간을 한층 극적으로 만든다.

감: 사용한 패브릭은 무엇인가?

쿠마: 폴리에스터에 유리섬유를 섞은 직물을 사용했다. 유리섬유는 가열해도 모양과 경도가 변하지 않는 불연 재료다. 게다가 가볍고 변색이 없어 유지관리가 편하다.

일반적으로 원단을 만들 때 씨실과 날실을 수직으로 교차하는 직조 방식을 쓴다면 이곳에 적용한 패브릭은 3축으로 직조하는 특수기술로 제작했다. 이렇게 만든 패브릭은 증기를 이용한 습식 열처리를 거쳐 접힌 형태를 오랫동안 유지하도록 했다.

감: 어떤 방식으로 배치했나?

쿠마: PVC로 피복한 금속와이어를 천장 중앙에 고정하고 꽃잎이 펼쳐지듯 중심에서 패브릭 유닛을 하나씩 겹쳐서 고정했다. 면이 포개어지는 부분은 다른 부분보다 두꺼워지지 않도록 밀도와 두께에 신경 썼다.

Shang Xia Shanghai

설계 KKAA
위치 중국 상하이 황푸구
연면적 1,351m²
완공 2014년 11월
사진 Masao Nishikawa

상하 상하이 외부 전경.

Application of Fabric

X축, Y축, Z축의 세 방향으로 패브릭을 접어 마름모 꼴의 문양이 반복되도록 했다.

쿠마 켄고(Kengo Kuma & Associates 대표)
일본 도쿄대학교 대학원에서 건축학을 전공하고 1990년 KKAA(Kengo Kuma & Associates)를 설립했다. 그는 문화와 환경이 자연스럽게 통합되어 인간에게 적합한 온화한 규모의 건물을 제안하는 것을 목표로 하여 지속적으로 콘크리트와 강철을 대체할 재료를 찾는다.

입체감이 생기도록 접은 폴리에스터 천에 빛을 비추면 각기 다른 각도로 꺾인 면에 반사되면서 음영이 생겨 공간을 한층 극적으로 만든다.

Exterior Fabric

실외 공간의 패브릭

패브릭은 콘크리트나 유리, 금속과 비교하면 무르고 약하다. 하지만 가볍고 유연해 비정형의 형상이나 대규모 공간에 유리하다. 덕분에 스포츠 경기장이나 극장과 같은 문화시설, 교육시설 같은 개방형 구조의 공간에 다양한 형태로 적용할 수 있다. 부드럽지만 강한 물성으로 건물의 얼굴을 만드는 외장용 패브릭을 만나보자.

Fabric Facade

건축 입면을 구축하는 패브릭

패브릭은 기본적으로 가느다란 형태의 부드러운 섬유를 많이 사용하지만, 플라스틱이나 금속을 쓰기도 한다. 특히 플라스틱은 종류에 따라 철과 같은 강성을 지니면서도 얇게 펴지고 빛을 투과한다. 제한적이지만 건물 외장재로 사용되고 있는 플라스틱과 금속 패브릭에 대해 소개한다. 글 심영규

고려 요소: 내구성 > 단열성 > 성형성

플라스틱은 가벼우면서 철과 같은 강도를 지녀 외부의 충격을 막아주는 외장재로 활용도가 높다. 금속 패브릭은 강인함과 부드러운 속성을 동시에 지녔다. 금속의 단점은 무게와 부식인데, 녹슬지 않는 스테인리스 스틸이나 고내식성 강판을 가늘게 만들어 엮은 금속 패브릭은 이런 단점을 단번에 극복한다. 또한 두 재료 모두 패브릭의 유연함을 갖춰 곡면이나 비정형 등으로 자유롭게 형태를 바꿀 수 있다. 금속은 특유의 광택으로 시간, 조명 등 주변 환경에 따라 건물을 다른 모습으로 바꾸는 것도 장점이다.

하지만 두 소재는 건축 외장재로써 활용도가 떨어진다. 국내 모든 건축물은 건축법의 '건축물의 에너지 설계기준'에 따라 결로 방지가 필요하고, 건물 외피의 단열 부위나 접합부는 물과 습기, 열이 통과하지 못하도록 기밀하게 마감해야 한다. 또 구멍이 뚫려 있는 재료는 국내 소방법에 따라 외장재로의 사용이 금지된다. 공기가 통하고 불연재가 아닌 패브릭은 외장재로 사용하기 어렵다. 때문에 가설물이나 건물 외피에 이중으로 설치하는 차양 등으로 한정되게 사용한다.

사우디아라비아 리야드에 위치한 킹 파하드 국립도서관. 3차원 플라스틱 멤브레인으로 이중 외피를 만들었다.

2014 FIFA 브라질 월드컵 경기장인 아레나 판타날. 외장재로 멤브레인을 적용했다.

플라스틱 패브릭

내후성, 방화성, 방수성 등을 보완하기 위해 합성수지나 고무계 물질을 코팅한 패브릭으로, 사용 용도와 목적에 따라 코팅재가 다르다. 주로 PVC를 사용하지만 최근에는 친환경 이슈 때문에 재활용이 가능한 폴리프로필렌을 이용하기도 한다 (p.33 참고).

플라스틱 패브릭은 가볍고 내구성이 뛰어나 태양으로부터 보호하는 실내외 블라인드나 차양, 대규모 막구조 공간의 지붕과 벽 그리고 이동 가능한 천막 등 다양한 건축 분야에 사용된다. 대형 창고나 조형시설물처럼 15년 정도의 내구성이 필요한 경우에는 PVDF(Polyvinylidene fluoride, 이소불화비닐)를, 거대한 경기장이나 공항과 같이 한번 지어지면 25년 이상 사용하는 경우에는 PTFE를 사용한다. 흔히 PTFE는 유리섬유로 직조한 면을 테프론, 즉 PTFE로 코팅한다. 이 코팅은 이물질과 잘 섞이지 않는 화학적 특성이 있어서 표면에 먼지 같은 공해 물질이 붙어도 비나 바람에 씻겨 나가기 때문에 청결하게 유지된다.

막구조는 목재나 금속의 구조체를 가지고 있는 골격막구조, 멤브레인[1]이나 케이블로 구성된 인장막구조, 팽창막구조 등으로 나뉘는데, 탄성이 있는 패브릭은 인장식과 팽창식에 적합하다.

국내에는 프랑스의 서지 페라리Serge Ferrari, 벨기에의 시온SIOEN 제품 등을 유통하는 법인이 있다. 1973년도에 설립된 서지 페라리는 프랑스에 본사를 두고 있는 세계적 기업이다. 이곳의 제품은 2014 FIFA 브라질 월드컵 경기장인 아레나 판타날Arena Pantanal 등 대규모 경기장의 외장재에 적용됐다. 건축공방은 작은 규모의 파빌리온과 글램핑을 멤브레인으로 마감하기도 했다(p.98 참고).

멤브레인 시공사는 1978년 설립된 국내 기업인 타이가가 가장 크고, 이 밖에 동아스트(p.92 참고), 현대앰엔에스 등의 업체가 있다.

Application of Fabric

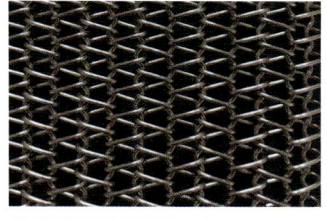
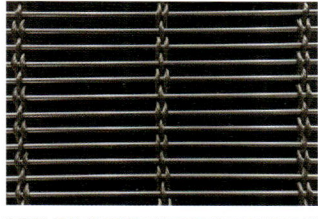

금속 패브릭

금속으로 직조한 강직물을 금속 패브릭이라고 한다. 일반적인 금속 그물망steel mesh과는 조금 다르다. 금속 그물망은 단순히 철사를 엮어 만든 철망으로 조직이 일반 패브릭처럼 촘촘하지 않다. 디자인도 다이아몬드, 육각형, 사격형 등으로 단순하다. 반면 금속 패브릭은 금속 그물망과 달리 지름 0.1~0.2mm의 철사와 금속 선재rod bar를 혼합하여 직조한 것으로, 직조 방식에 따라 다양한 디자인이 가능하다. 종류는 단선의 날실과 씨실을 수직으로 짠 '고정형 계열 rigid fabric', 날실은 정밀한 와이어 케이블을 사용하고 씨실은 금속 로드를 사용해 수직으로 짠 '케이블 패브릭 계열', 평평한 둥근 와이어를 시계방향과 반시계방향으로 돌려서 감싼 '나선형 계열'로 구분한다. 소재는 스테인리스 스틸(SUS304, SUS316)을 주로 사용한다.

금속 패널은 시공 시 하지 철물을 반드시 설치해야 하지만 금속 패브릭은 위아래만 고정하면 되기 때문에 별도의 구조체 없이 시공이 빠르고 간편하다. 또한 다른 외장재보다 내구성이나 흠집, 오염에 강하다. 금속 패브릭은 신세계 백화점 영등포점과 의정부점, 워커힐 호텔 아카디아와 주차장, 이란 대사관, 명동 메트로 호텔, 강남구 불탑 빌딩의 외장재로 사용됐다.

생산회사로는 1925년 설립된 미국의 GKD 사가 잘 알려져 있다. 이곳은 직조 방식이 다른 수백 가지 종류의 제품을 생산하고, 고정하는 철물도 다양하다. 국내에서는 한길테크에서 GKD 사의 제품을 유통하고, 생산업체로는 리디엠이나 제이엔비, 에스월텍 등이 있다.

용어정리

1) 멤브레인(membrane): 얇은 피막을 통칭. 일반적으로는 방수층이나 도료 등의 피막을 가리키지만, 천막이나 막구조에 쓰이는 막 자체를 말한다.

베이징에 위치한 중국 국립 대극장의 실내 전경. 건축재료로 금속 패브릭을 활용했다.

Interview 1

Application of Fabric

가벼운 재료, 자유로운 공간

최근에는 경기장이나 수변공원에서 어렵지 않게 막구조물을 볼 수 있다. 그러나 2002년 FIFA 월드컵 개최를 위해 경기장을 짓던 당시만 해도 국내에는 막구조 설계와 제작 기술이 전무했다. 막구조 전문 업체인 동아스트 이장복 대표는 30년 동안 막구조물을 계획하고 시공하며 기술과 노하우를 끌어올렸다.

인터뷰 **정경화** 인터뷰이 **동아스트 이장복 대표** 자료 제공 **동아스트**

감씨(감): 주로 어떤 프로젝트를 하나?
이장복(이): 파고라처럼 규모가 작은 단독 구조물부터 올림픽 경기장 같은 건축물까지 연간 120~140개의 막구조물을 짓는다. 건축물은 대부분 스타디움처럼 실내 공간이 따로 없고 외기에 노출된 건물이다. 단독 구조물은 빠르면 1주일 내에도 완성하지만, 건축물은 여러 공정이 맞물려 진행되므로 짧게는 6~7개월, 길게는 2년 정도 걸린다.

감: 막구조의 설계부터 제작, 시공까지 일괄 작업해 하나의 시스템을 완성한다.
이: 막구조를 디자인하고, 설계에 맞춰 막재와 구조재를 제작한다. 양복점에서 원단을 재단하고 봉제해 옷을 완성하는 과정과 비슷하다. 차이가 있다면, 우리는 현장에서 구조체를 세우고 막재를 입히는 것까지 직접 한다. 모든 과정은 별도의 외주 없이 자체 설비로 소화한다. 구조체와 막재를 동시에 생산하니 효율적이고 품질 관리에 유리하다.

감: 각각의 작업은 구체적으로 어떻게 진행되나?
이: 발주처의 요구에 맞춰 계획안을 제안하고, 디자인이 확정되면 구조설계에 들어간다. 설계의 첫 단계는 구조계산을 위해 입면의 좌표를 찾는 형상해석shape finding이다. 비정형 곡면은 경계 부분을 제외한 나머지 좌표를 알 수 없다. 그래서 형상해석을 통해 모든 지점을 확인한 다음, 일정 좌표마다 하중을 설정해 구조계산을 한다. 두 작업을 바탕으로 구조체 설계가 끝나면 도면을 그리고 자재를 결정한다. 여기까지가 기획설계다. 이후 실시설계를 통해 제작도면을 완성하고, 이에 맞춰 자재를 가공한다. 부재는 공장에서 100% 제작하고 현장에서는 설치만 한다.

감: 전 과정 중에서 품질을 좌우하는 중요한 단계를 꼽는다면?
이: 실시설계가 가장 중요하다. 그중에서도 막재 재단도 제작이 핵심이다. 막구조는 직육면체나 원기둥과 달리 불규칙한 곡면으로 이루어져 있어 이론적으로 전개가 불가능하다. 3차원 형상을 2차원의 도형으로 전개한 다음, 재단도대로 재단한 막재를 이어 붙여 다시 3차원 곡면을 만들어야 한다. 이렇게 2차원과 3차원을 오가는 과정에서 오차가 생길 수밖에 없는데, 오차가 누적되면 하자로 이어진다. 우리는 직접 개발한 프로그램으로 작업해 오차를 최소화하고 정확도를 높였다.
 재단도 제작 과정 중에서도 막재의 분할은 디자인으로 직결되는 요소다. 막재는 롤 형태로 생산되어 폭이 3~4m로 제한되고, 길이 방향으로는 자유롭다. 그러나 구조체의 간격이 넓을수록 인장력이 약하고 표면에 떨림 현상이 생기므로 길이가 15m를 넘지 않도록 한다. 이 규격 내에서 패턴 엔지니어가 콘셉트에 맞춰 여러 패턴으로 분할한다.

동아스트 공장 전경.

감: 실내 공간이 있는 건축물에 막구조를 적용하는 경우, 단열, 방화 등의 성능을 만족하는 내벽을 따로 설치해야 한다. 이러한 이중외피 시스템은 막구조의 한계점이기도 하다.

이: 지금의 막구조 공법은 실내 공간이 있는 건축물에는 적합하지 않다. 실내 공간이 있는 경우, 막은 장식을 위한 마감재로 역할이 제한되고, 별도의 내벽이 없다면 창고 정도로만 쓸 수 있다.

우리나라는 사계절이 있어 단열에 대한 기준이 높고, 지역에 따라 태풍이나 폭설도 발생한다. 그러다 보니 건축법규가 더 까다롭다. 이에 대응해 단열재를 넣은 이중 막재를 개발해봤지만 기존의 외장재에 비해 유리한 점이 없었다. 패널 형태로 시공해야 하다 보니 자유롭게 형태를 만들고 빛을 은은하게 투과하는 패브릭의 장점이 사라졌고 비용도 많이 들었다.

감: 반대로 막구조가 유리한 건축은 어떤 것이 있나?

이: 기하학적인 형상과 대규모 공간이다. 딱딱한 외장재는 수많은 부재로 나눠야 겨우 구현할 수 있는 곡면을 막구조는 한 번에 쉽게 표현한다. 또 무게가 가벼워 구조물의 하중을 크게 줄일 수 있다. 이러한 장점 덕분에 특히 스타디움 같은 대공간에서 많이 쓰인다.

계절 변화가 적은 해외는 상대적으로 법규 기준이 덜 엄격해 막구조의 구현이 좀 더 자유롭다. 요르단 암만에 위치한 쇼핑몰인 압달리 몰Abdali Mall은 100×100m에 달하는 크기의 지붕을 케이블 구조로 매달아 시공했다. 부위마다 투명도가 다른 ETFE Ethylene tetrafluoroethylene 필름을 적용해 밤이 되면 실내의 빛이 각기 다른 색과 질감으로 퍼진다.

감: 막재는 비슷해 보이지만 여러 종류로 나뉜다. 각각의 특징이 궁금하다.

이: 주로 PVDF, PVF, PTFE 세 종류를 사용한다. 막재의 단면은 안쪽부터 직포와 코팅재, 코팅층을 보호하는 토핑재topping material로 이루어진다. 각각의 성분에 따라 특성이 달라지고, 가장 바깥의 소재가 막재의 이름이 된다.

먼저, 직포는 원사를 직조한 패브릭으로 강도를 비롯한 막재의 물성을 결정한다. 원사로는 폴리에스터나 유리섬유를 쓰는데, 전자는 힘을 받으면 이리저리 형태를 바꾸면서 견디는 유연함이 장점이다. 유리섬유의 경우, 강도는 훨씬 높지만 힘을 가하면 깨지고 찢어지기 때문에 자재를 다룰 때 좀 더 주의해야 한다. 그래도 한번 설치가 끝나면 교체없이 오래 사용한다. 코팅재는 PVC 또는 불소 계열의 PTFE를 쓴다. PVC는 자외선을 받으면 단단하게 경화되기 때문에 균열이 생기면 빗물이나 이물질이 스며들어 직포가 오염되고 수명이 줄어든다. 이를 막기 위해 토핑재를 덮는다. PTFE는 화학적으로 굉장히 안정적이고 자외선에 강해 토핑재를 따로 덮지 않는다.

PVDF 막재는 폴리에스터 원사를 직조한 직포에 PVC로 코팅하고, 토핑재로 액상의 PVDF를 바른다. 세 종류 중 가장 노화 속도가 빨라 수명이 짧다. 그만큼 가격도 저렴해 대부분 창고에 쓰인다. PVF 막재는 PVDF 막재와 성분이 같고, 토핑재만 PVF 필름으로 다르다. PTFE 막재는 유리섬유를 직조한 직포에 PTFE를 코팅한 것으로, 가장 강하고 튼튼하다.

구조물에는 주로 PVF와 PTFE를 사용한다. 두 막재는 자정 능력이 있어 유지보수가 따로 필요 없다. 전자가 얼굴에 자외선 차단제를 바르는 것이라면, 후자는 마스크를 착용하는 정도로 보호 성능이 더 뛰어나다. 최근 많이 쓰이는 ETFE 막재는 패브릭이 아닌 불소필름으로 투명성이 특징이다.

압달리 몰

건축 설계 Laceco International Architects & Engineers
막구조 설계·시공 동아스트
위치 Suliman Al Nabulsi St, 암만, 요르단
대지면적 234,000m²
연면적 33,000m²
규모 지상 5층, 지하 5층
구조 철근콘크리트조, 철골조, 막구조
완공 2016년

사용한 막재
자재명 ETFE, PVDF
사용 면적 ETFE: 11,386m², PVDF: 1,427m²
제조사 VERSEIDAG

(위쪽부터)요르단 암만에 위치한 쇼핑몰인 압달리 몰의 지붕과 실내 전경. 100×100m에 달하는 규모의 지붕을 케이블 구조로 매달아 시공했다.

막재의 내화학성이 뛰어난 점을 이용해 인천 만수 하수처리장(2017)의 지붕을 막구조로 시공했다.

막재 성능 비교표

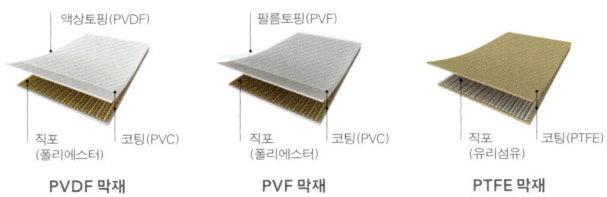

종류	PVDF	PVF	PTFE
직포	폴리에스터	폴리에스터	유리섬유
코팅재	PVC+PVDF(토핑재)	PVC+PVF(토핑재)	테프론(PTFE)
두께(mm) (KS K 0506 기준)	0.8 이상	0.8 이상	0.55 이상
인장강도(kgf/5cm) (KS K 0521 기준)	350~750	350~750	400~900
인열강도(kgf) (KS K 0537 기준)	60~80	60~80	30~40
내구연한(년)	10~12	20~25	25~30
자정능력	보통	우수	우수
색상	다양함	제한적	제한적
가격	중저가	중고가	고가

감: 접합과 설치는 어떻게 하나?

이: 막구조는 막의 탄성력을 이용하는 구조다. 실제보다 작게 제작한 막을 잡아당겨 구조체에 설치하면, 팽팽한 인장력이 생기면서 바람과 하중을 버틴다. 이 인장력을 유지하는 가장 편리하고 대표적인 방법은 알루미늄 볼트 접합이다. 완충재 역할을 하는 네오프렌을 막재 양쪽에 끼우고, 알루미늄 바를 덧댄 다음 볼트로 체결한다. 이때 막의 끝부분에 로프를 집어넣어 막이 빠져나가지 못하도록 턱을 만든다.

막과 막을 접합할 때에는 열을 가하는 고주파 용접과 열융착법을 쓴다. **고주파 용접**은 PVF, PVDF 막재에 쓰이는 방식으로, PVC만 가열하는 고주파 기계로 코팅재를 녹여 접합한다. **열융착법**은 PTFE 막재에 적용하는 방법으로, 막재보다 녹는점이 낮은 불소수지FEP필름을 이용한다. 필름을 넣고 다리미 같은 발열기기로 누르면 필름이 녹으면서 막재 사이로 침투해 일체화된다.

감: 건축에서 막구조는 주로 외기에 노출된 스타디움이나 공연장의 지붕에 쓰인다. 반면 동아스트에서는 벽면에도 적용했다.

이: 희림종합건축사사무소에서 설계한 인천아시아드 주경기장과 평창동계올림픽 아이스 아레나는 막구조를 지붕이 아닌 벽면에 적용했다. 곡면 파사드를 어떤 외장재보다도 부드럽게 구현하고, 빛이 은은하게 스며드는 패브릭의 특징을 살려 입면을 캔버스처럼 활용한 것이다. 차이점은 인천아시아드 주경기장의 경우, 외기에 노출된 곳이라 막구조로만 벽체를 세웠고, 실내 빙상 경기장인 아이스 아레나는 내벽이 따로 있고 막은 마감재 역할만 한다.

감: 최근 활발히 진행 중인 작업이 있다면 소개해 달라.

이: 대부분의 건축자재는 접합 부위를 현장에서 코킹으로 마감하므로 하자가 생기기 쉽다. 반면 막은 기본 규격이 넓고 공장에서 제작해 훨씬 밀실하다. 즉 누수가 거의 없다. 우리는 이러한 장점을 활용할 수 있는 분야를 찾아 시장을 넓히는 데에 집중해왔다. 그동안

인천아시아드 주경기장

건축 설계 ㈜희림종합건축사사무소
막구조 설계·시공 동아스트
위치 인천광역시 서구 봉수대로 806

대지면적 631,975m²
연면적 113,620m²
규모 지상 5층, 지하 1층
구조 철근콘크리트조, 철골조, 막구조
완공 2014년

사용한 막재
자재명 PTFE, Mesh PTFE
규격 300×35m

재래시장의 폴리카보네이트 지붕을 대체하는 사업을 진행했고, 최근에는 내화학성이 뛰어난 점을 이용해 하수처리장의 지붕을 막구조로 시공하기도 했다.

감: 앞으로 막구조 시스템과 자재를 또 어떤 용도에 새로이 접목할 수 있을까?
이: 막재는 종류가 굉장히 다양하다. 색상과 투명도를 여러 단계로 조절하고 기능을 추가하는 것도 가능하다. 예를 들어 막재에 패턴을 인쇄하거나 그물처럼 직조하고, 햇빛을 난반사하는 필름을 덧붙이면 시야를 잃지 않으면서 일사량을 줄일 수 있다. 유럽에서는 커튼월 건물의 에너지 효율을 높이기 위해 유리창에 막재를 설치하여 일사량을 줄인 사례가 있다. 국내에도 충분히 접목이 가능하다. 오래된 건물의 외벽을 막재로 감싸 기존 외장재의 탈락을 막으면서 동시에 외관에 변화를 주는 방법도 생각해볼 수 있다.

이장복(동아스트 대표)
성균관대학교 건축공학과(공학박사)를 졸업하고 삼성건설에서 10년간 실무경험을 쌓았다. 2004년부터 (주)동아스트의 대표이사를 맡고 있다. 인천아시아드 주경기장, 평창동계올림픽 아이스 아레나 등 국내외 다수의 막구조물을 설계, 시공하며 대공간 분야의 발전에 기여하고 있다.

interview 2

건물을 감싸는 유연한 외피

—

건축공방
심희준 공동대표

—
멤브레인은 가볍고 내구성이 뛰어나 가구, 요트를 비롯해 다양한 분야에서 활용한다. 건축에서는 태양으로부터 실내 환경을 보호하는 블라인드와 차양, 천막에 쓰인다. 또한 타고난 유연함 덕분에 경간이 넓은 지붕을 만드는 데 유리해 경기장, 극장과 같은 대규모 개방형 공간의 지붕재로도 사용한다. 건축공방은 멤브레인으로 작은 파빌리온과 글램핑 공간을 구축하는가 하면 외장재로 적극 활용하기도 한다. 인터뷰 심영규

감씨(감): 멤브레인을 이용해 다양한 글램핑 작업을 진행했다.

심희준(심): 멤브레인은 패브릭의 특성이 가장 잘 드러나는 건축재료로, 넓은 면을 만들 수 있어 '면적의 건축'이라 할 수 있다. 얇은 막으로 감싸기 때문에 형태가 없고 질감이 단순한 것이 특징이다.

또 투과성이 좋아 빛과 같은 주변 환경에 반응하는 바이오클라이밋bioclimate 재료다. 반대로 단점도 있다. 넓은 면을 사용하면 인장력을 받지 않아 펄럭임 현상이 일어난다. 또한 구멍이 뚫려 있어서 바람이 통과한다. 이를 극복하려면 프레임 크기를 제한하고 일정 폭 내에서 사용해야 한다.

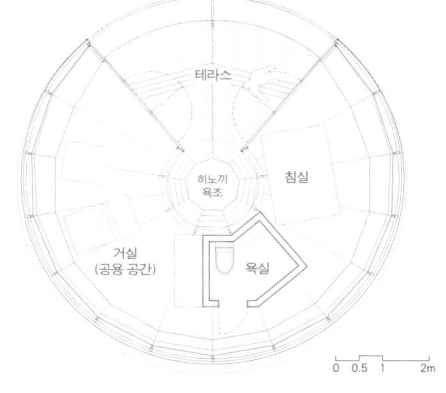

양평에 있는 아키글램(2013)의 전경과 평면도.

감: 구체적으로 어떤 제약이 있나?

심: 국내 소방법에서는 면에 구멍이 뚫려 있는 경우, 재료의 종류에 관계없이 외장재로 적용이 불가능하다. 때문에 멤브레인은 외벽의 재료로 허가를 받을 수 없고, 가림막이나 추가적인 장치로만 적용이 가능하다. 또한 불이 잘 확산되지 않는 난연재로 불연재가 아니다.

감: 가볍고 유연한 만큼 설치가 간단해 보인다. 벽면에는 어떤 방법으로 고정, 설치하나?

심: 벽에 바로 걸 때는 브래킷bracket만 연결하면 된다. 스터드stud를 대고 브래킷을 콘크리트에 고정한다. 폭이 넓으면 철재 프로파일을 추가로 설치한다. 이를 위한 특수 디테일이 별도로 있는데 일종의 방충망과 같다고 보면 된다.

감: 지붕이나 막구조가 아니라 외장재로 적용한 프로젝트가 있다고 들었다.

심: 글램핑이나 소규모 파빌리온 외에 건물의 외장재료로 멤브레인을 적용한 사례가 있다. 신사동 세로수길 근처에 신사 S8이라는 근린생활시설을 시공 중이다. 이 프로젝트에서는 금속이나 석재보다 가벼우면서도 건물의 형태가 투과되는 느낌을 주고 싶었다. 처음에는 외장재로 확장금속망을 고려했다. 사선제한으로 경사진 두 개의 매스를 확장금속망으로 덮으려고 했다. 그러나 최대로 제작 가능한 크기가 작아 높이 8m에 달하는 건물을 한번에 마감하는 것이 불가능했다. 그렇다고, 이어 붙이면 중간에 끊어짐이 보이고 연결되는 면의 디테일이 거칠어진다. 멤브레인은 폭 8m, 높이 50m까지 단일 부재로 시공이 가능하다. 자그마치 18층 높이다. 가격도 예가 기준, $1m^2$의 단위면적당 5~6만 원으로 저렴하다. 금속의 6분의 1 수준이다.

감: 멤브레인의 장점은 또 어떤 것이 있나?

심: 이동과 설치가 쉽고 교체, 시공이 용이하다. 더군다나 금속과 달리 패턴 설계가 자유롭다. 최근엔 품질이 우수한 제품이 많아서 15~20년은 충분히 쓸 수 있다. 두 겹을 레이어로 사용해 독특한 느낌을 낼 수도 있다. 그리고 생각보다 내부에서 외부가 잘 보인다.

또 다른 장점은 빛을 확산하는 성질이다. 확장금속망은 빛을 투과하지 못하므로 뒤에서 조명을 쏘면 타공 부위만 투과한다. 멤브레인은 빛을 확산하는 성질이 있어서 넓게 번진다. 글램핑의 경우 실내에 조명을 켜면 마치 랜턴처럼 빛을 퍼트린다.

Application of Fabric

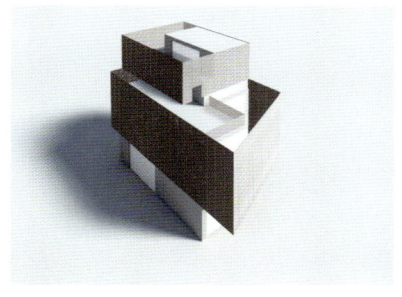 

신사 S8 근린생활시설 설계안.

감: 언제 처음 멤브레인을 사용하게 됐나?

심: 양평에 있는 글램핑 아키글램(2013)이 처음이었다. 독일 슈투트가르트에 있는 라쉬 앤 브라다취 건축사무소Rasch & Bradatsch에서 실무를 할 당시인 2012년, 사우디아라비아 메디나에 위치한 이슬람사원 광장에 이동하면서 접었다 펼쳤다 하는 하이테크 우산 프로젝트를 진행했다. 15만m²의 면적을 덮은 250개의 개폐식 우산은 30만 명의 순례자에게 그늘을 제공한다. 막의 크기는 26~50m까지 다양하고, 강수량이 적은 사우디아라비아의 기후 특성을 반영해 테프론으로 코팅한 직조품을 사용했다. 한국의 글램핑 파빌리온에는 이와 다른 재료를 적용했다. 한국은 상대적으로 강수량이 많고 천이 오염되기 쉬운 환경이라 에폭시로 코팅한 제품이 적합하다. 이후 캠프통 아일랜드, 글램핑 온더락, 가평 글램트리 프로젝트 등의 글램핑 공간과 불광동에 있는 혁신파크 파빌리온 프로젝트에 연이어 적용했다.

아키글램

설계 건축공방
위치 경기도 양평군 단월면 생각속의 집
대지면적 1,650m²
연면적 50m²/unit (7 units)
규모 지상 1층
구조 철골조
마감 멤브레인
완공 2013년 12월
사진 임준영

사용한 멤브레인

제품명 B8103
제조사 SIEON (SIEON KOREA)

신사 S8

설계 건축공방
위치 서울특별시 강남구 신사동
대지면적 111m²
연면적 551.2m²
규모 지상 5층, 지하 1층
구조 철근콘크리트조
마감 멤브레인
완공 2020년 예정
렌더링 건축공방

사용한 멤브레인

제품명 FrontSide View 381
제조사 Serge Ferrari

패브릭을 이용한 설치미술 '삶의 환영' 작업.

감: 구체적으로 어떤 재료를 사용하나?

심: 서지 페라리Serge Ferrari 사의 '스타미솔'로, 유리섬유를 직조한 뒤 결과 질감을 살리면서 PVDF로 코팅했다. 시온이라는 벨기에 회사의 제품도 있다. 화물트럭에 사용하는 방수천으로, 프라이탁 소재와 같다. 국산 멤브레인 제품은 해풍에 약하고 곰팡이와 변색, 방염 문제가 있다.

감: 패브릭을 외장재 말고 다른 용도로 사용한 프로젝트가 있나?

심: 특히 한국에서는 외장재가 오래 가야 한다는 생각이 강해 내구성이 높은 자재를 선호한다. 이러한 기준을 만족시키면서도 건축의 특성에 맞는 다양한 재료를 개발하고 시도해야 한다. 2015년 광주에서 진행한 베지가든 프로젝트에서는 서지 페라리 제품을 실내 흡음재로 사용했다. 조명을 설치하고 빛을 번지게 해서 마치 바리솔 같은 효과를 냈다. 바리솔은 표면이 매끈하고 필름과 패브릭의 중간 정도 느낌의 PVC 제품이다. 우리가 사용한 제품은 막코팅이 없고 부드러워 패브릭에 더 가깝다.

감: 건축에서 패브릭을 적용할 때 주의해야 할 점은?

심: 물성을 잘 알아야 한다. 특이한 재료나 디자인은 조인트 부분에서 생길 수 있는 주름이나 구김 등에 유의해야 하고 시공을 위한 디테일도 고민해야 한다. 또한 수직으로 설치하는 것은 괜찮지만 원형이나 특이한 형태는 먼지가 앉을 수 있어 오염에 주의해야 한다. 그래서 중성세제를 사용해 주기적으로 청소하고 관리하는 것이 중요하다. 그 밖에도 불이나 칼과 같은 날카로운 물체에 손상되지 않도록 조심하고 손이 닿는 높이보다 더 위쪽에 적용하는 등 주의가 필요하다.

감: 패브릭의 미래는?

심: 지금까지는 건물에 적용하는 경우가 많지 않았다. 멤브레인은 인테리어 재료로 사용하면 의외로 차가운 느낌이 있다. 표피가 따뜻한 느낌으로 표현된다면 좋을 것이다.

글램핑의 경우 실내에 조명을 켜면 마치 랜턴처럼 빛을 확산한다.
(위쪽부터) 글램핑 온더락과 캠프통 아일랜드 작업.

멤브레인은 가볍고 유연성이 우수한 소재다. 투과성이 좋아 빛과 같은 주변 환경에 반응하는 바이오클라이밋 재료다.

박수정, 심희준 (건축공방 공동대표)
박수정은 광운대학교 건축공학과를 졸업하고, 네덜란드 델프트 공과대학교에서 에라스무스 교환학생을 거쳐 독일 슈투트가르트 대학교를 졸업했다. 이후 유럽의 건축설계사무실에서 실무 경험을 쌓았다. 현재 건축공방 공동대표로 광운대학교 겸임교수, 새건축사협의회 정책위원과 서울시 공공건축가로 활동 중이다.
심희준은 독일 슈투트가르트 대학교를 졸업하고 렌조피아노 건축사무소를 비롯, 유럽의 여러 건축설계사무실에서 실무 경험을 쌓았다. 현재 건축공방 공동대표로 서울시립대학교 건축학과 겸임교수, 새건축사협의회 정책위원과 SH 청신호 건축가로 활동하고 있다. 건축공방은 2019년 젊은 건축가상, 2018 iF 디자인 어워드 GOLD 등 다수의 국내외 상을 수상했다.

interview 3

설원의 풍경을
닮은 백색 경기장

—

**희림종합건축사사무소
건축3본부 백종훈 소장**

—
2018 평창동계올림픽의 실내 피겨 스케이팅 경기장, 강릉 아이스 아레나는 얼음 위를 누비는 선수들의
가벼운 몸놀림을 닮았다. 백색 옷을 입은 곡면 파사드는 역동적이면서도 부드럽게 경기장을 휘감는다. 이곳의
건축설계를 맡은 희림종합건축사사무소는 벽면에 막구조를 적용해 거대한 공간감을 구현하고 매끄러운 입면을
완성했다. 프로젝트의 실무를 담당한 백종훈 소장은 막구조에 대해 "자유로운 형태를 쉽고 명쾌하게 표현하는
똑똑한 시스템"이라 말한다. 인터뷰 정경화 사진 박완순

감씨(감): 강릉 아이스 아레나의 디자인 개념과 이를 구현한 과정이 궁금하다.

백종훈(백): 강릉 아이스 아레나는 2018 평창동계올림픽 기간 동안 피겨 스케이팅과 쇼트트랙 경기를 치르기 위해 지어진 경기장으로, 스피드 스케이팅 경기장, 하키 센터와 함께 강릉 올림픽 파크에 위치해 있다. 한국이 피겨 스케이팅과 쇼트트랙에 강세였던 만큼 랜드마크가 되도록 눈에 띄는 독특한 디자인을 제안했다. 주요한 개념은 곡면으로 이루어진 단일의 매스로, 강원도의 설원과 어울리는 백색 입면이 매끄럽게 이어진다.

강릉 아이스 아레나

설계 ㈜희림종합건축사사무소
위치 강원도 강릉시 수리골길 102
(포남동, 강릉 아이스 아레나)
대지면적 398,960m²
연면적 32,399m²
규모 지상 4층, 지하 2층
구조 철근콘크리트조, 철골조
마감 막구조, 로이복층유리
금속지붕재
완공 2018년 3월

사용한 막재
자재명 PTFE
면적 8,345m²
제조사 타코닉

감: 디자인을 구현하는 방법으로 막구조를 택한 이유는 무엇인가?

백: 두 가지 이유가 있는데, 첫 번째는 디자인이다. 3차원 형상을 구현하는 방법에는 여러 개의 모듈을 조합하는 패널 공법과 매끄러운 단일 입면을 만드는 막구조 공법이 있다. 패널 공법은 곡면을 구현하는 정도에 따라 비용 차이가 크고 완성된 건축물의 모습도 천차만별이라 변수가 많았다. 또 우리가 의도했던 디자인을 구현하기에는 후자가 더 적합했다.

두 번째는 친환경성이다. 아이스 아레나는 도시의 크기나 인구에 비해 경기장의 규모가 굉장히 큰 편이다. 때문에 건축주였던 강원도는 올림픽 이후의 운영에 대해 고민이 많았다. 이에 우리는 상황에 따라 건물의 규모를 축소하는 **레거시 모드** legacy mode 계획안을 함께 제안했다. 건물의 일부를 해체하더라도 재활용이 가능한 자재와 시스템을 고민하면서 막구조를 택하게 됐다.

감: 레거시 모드 계획안에 대해 좀 더 구체적으로 설명해 달라.

백: 경기장의 남북 쪽을 부분적으로 철거해 1만 2,000석에서 6,200석으로 규모를 절반 가까이 줄이는 계획안이다. 이를 위해 일부 구간은 콘크리트 구조의 고정형 좌석이 아니라 철거가 가능한 임시석과 수납식 가변 좌석으로 시공했다. 입면부터 지붕까지 건물의 양끝을 싹 잘라내고 다시 짓는 것이기에

변경 후의 형태가 어색하지 않도록 디자인을 맞추는 것이 중요했다. 구조, 입면, 평면, 실내 방수까지 모두 매끄럽게 이어지도록 시공했고, 해체한 막재는 재활용이 가능하다. 이외에 지하층은 아이스링크 연습 경기장을 수영장으로 바꿔 쓸 수 있도록 설계했다.

감: 막구조의 장점은 어떤 것이 있었나?

백: 형태의 구현이 굉장히 자유롭다. 2013년 완공한 상암동 MBC 신사옥 판매시설은 비정형 입면을 알루미늄 패널로 마감했다. 당시 3차원 형상을 조정하는 작업이 굉장히 어려웠고 기간도 오래 걸렸다. 작은 패널 하나까지 전부 모양이 달랐고, 곡률이 커지면 비용이 기하급수적으로 올랐기 때문에 곡면 하나하나에 대해 수많은 조정을 거쳐야 했다. 반면, 막구조는 구조재에 맞추어 막이 늘어나고 꺾이기 때문에 다른 시스템보다 3차원 형상을 구현하기가 수월하다. 설계 단계에서 곡면을 교정하는 작업의 비중이 적었고 시공도 큰 어려움 없이 빠르게 진행됐다.

또, 백색의 패브릭 파사드는 화려한 경관조명의 바탕면 역할도 한다. 경기장은 특히 야간 경관조명이 중요한데, 아이스 아레나는 밤이 되면 백색 파사드에 색색의 조명이 빛나며 낮과는 또 다른 모습으로 변신한다. 다른 건축자재로는 연출할 수 없는 분위기다.

Application of Fabric

감: 반대로 단점과 한계점은?

백: 스타디움처럼 외기에 노출된 경기장과 달리 실내 경기장은 열관류율, 방화 성능 등 국내 건축법규 기준을 충족해야 한다. 그래서 막으로만 마감하는 것이 불가능하고 벽체가 따로 있는 이중외피 시스템을 적용한다. 이렇게 기능과 디자인이 분리되는 것이 막구조의 가장 큰 한계다.

아이스 아레나는 일자로 된 내벽이 기능적인 벽체 역할을 하고 막으로 감싼 벽이 바깥의 형상을 만든다. 내벽은 준불연 성능을 지닌 그라스울 패널을 썼고, 음향이 중요한 피겨 스케이팅 경기를 위해 안쪽에는 흡음 성능을 갖춘 벽체를 덧대었다. 그러나 벽체를 이중으로 세우다 보니 건물 구조체가 내벽을 관통하는 경우가 생겼고, 해당 구간마다 벽체를 따내고 다시 메워야 했다.

감: 디자인을 구현하는 과정에서 아쉬웠던 점은 없었나?

백: 막과 막이 만나는 부위가 도드라지게 시공된 것이 가장 아쉽다. 입면은 건물의 구조체와 독립된 철골 구조체로 틀을 짜고 그 위에 막을 접합하는 방법으로 시공한다. 이때 구조체와 막재의 접합부를 가리기 위해 뚜껑을 덮듯 막재를 한 겹 덧댄다. 이 부위가 좀 더 매끄럽게 처리되거나 아예 건축적으로 다르게 표현되었으면 하는 아쉬움이 남는다.

강릉 아이스 아레나 1층에 위치한 아이스링크 경기장 전경.

감: 막구조이기에 더 주의를 기울인 부분이 있다면?

백: 강릉은 바다 가까이 위치해 있어 바람이 많이 분다. 건물을 모델링한 데이터를 바탕으로 풍동 실험을 거쳐 적정 풍압을 견디도록 계획했다. 그럼에도 막재가 날아갈 경우에 대비해 내벽도 방수 성능을 갖췄고, 풍압을 견디도록 설계했다.

막구조 자재도 한차례 변경됐다. 설계변경 과정에서 PVDF 막재의 적용을 검토했으나 당시 5층 이상, 20m 이상인 건물의 외장재는 준불연재를 쓰도록 건축법규가 바뀌었다. 법규 기준을 만족하는 별도의 내벽이 있지만, 막재도 외장재에 포함되었기 때문에 준불연재인 PTFE 막재로 변경했다. PVDF 막재는 처음에는 새하얗지만 햇빛에 의해 변색되고 PTFE 막재에 비해 내구성이 떨어진다. 반면 PTFE 막재는 처음에는 가마니처럼 빛깔이 누렇지만 시간이 지날수록 하얘지면서 반영구적으로 품질을 유지한다. 막재 중에서 가장 강하고 질긴 섬유로, 비용이 좀 더 높은 것을 제외하면 내구성, 유지관리 등 모든 면에서 성능이 뛰어나다.(p.92 참고)

감: 요즘에는 투명함이 특징인 ETFE도 많이 사용한다.

백: 두 자재는 디자인 의도가 다르다. ETFE는 맑고 투명한 것이 하늘에 붕 떠있는 모습으로 실외 공간의 지붕에 천창 대신 쓰는 경우가 많다. 아이스 아레나의 경우, 지붕이 아닌 입면에 막구조를 적용했고 경기 중인 선수들에게 눈부심을 일으킬 수 있어 투명한 재료를 쓰는 것이 불가능했다. 디자인 의도와도 맞지 않았기에 ETFE를 따로 고려하지 않았다. 그러나 기존의 건물에서는 볼 수 없던 공간감이 독특하게 느껴져 기회가 된다면 써보고 싶다.

감: 새로이 시도해보고 싶은 막구조 디자인이나 자재가 있나?

백: 막구조는 형태적으로 자유로운 만큼 한계도 분명하다. 외장재에 대한 건축규제를 받는 실내 경기장보다는 야외 공간이나 인테리어에서 더 자유롭게 쓸 수 있다. 실제로 해외에서는 막재를 인테리어 요소로 많이 사용한다. 음향 효과를 살리기 좋은 점을 이용해 대형 아트리움에 막을 디자인해서 설치하기도 한다. 이처럼 실내 공간에 적용하는 방법을 다양하게 고민해볼 필요가 있다.

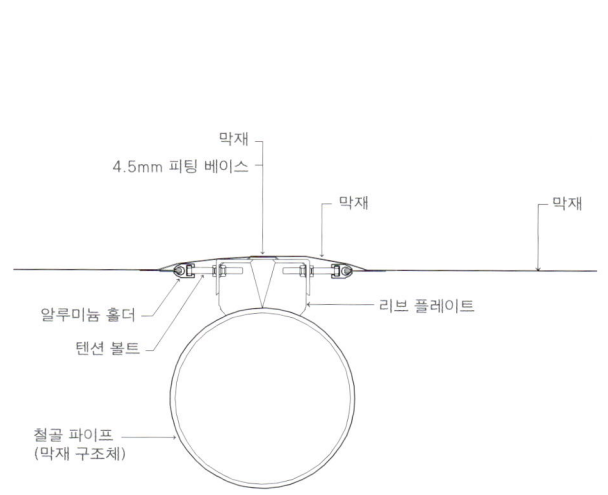

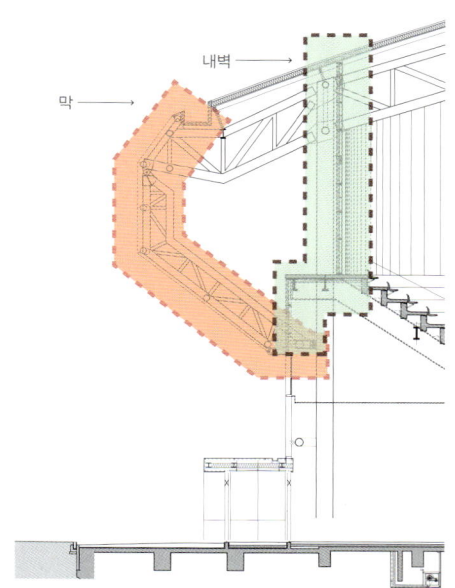

△ 막재와 구조체 접합 부위의 단면 상세도.
△▷ 기능적인 벽체 역할을 하는 내벽과 막구조로 이루어진 이중외피 시스템.

강릉 아이스 아레나의 실내 전경. 외관에서 모티브를 따와 은은하게 빛을 투과하는 곡면 디자인을 계획했다.

백종훈(희림종합건축사사무소 건축3본부 소장)
한양대학교 건축학과를 졸업하고 동 대학원을 수료한 후, 송재호 건축사사무소에서 실무를 익혔다. 2006년부터 ㈜희림종합건축사사무소에 재직하며 다수의 디자인, 실시설계 프로젝트를 해오고 있다. 대표 작업으로 강릉 아이스 아레나, G밸리 G-SQUARE 건립 사업, 한국전력기술㈜ 신사옥, 상암동 MBC 신사옥 등이 있다.

interview 4

단단한 금속 직물로 짜낸 커튼

**심플렉스 건축사사무소
박정환 대표**

—
서울 강남 도산대로 뒤편 한적한 주택가는 최근 다양한 상점과 레스토랑이 들어서며 상업지역으로 변하고 있다. 이곳에 라운지 바로 자리한 리버티 라운지는 반투명한 검은색 금속 커튼으로 감싸여 있다. 차갑게 반사되던 검은색 금속 커튼의 건물은 밤이 되면 색색깔의 조명이 더해지며 새 옷으로 갈아입는다. 커튼 메시는 단단한 금속인 동시에 패브릭처럼 유연한 물성을 지녔다. 두 얼굴의 외장재를 걸친 리버티 라운지의 이야기를 들어보았다. 인터뷰 심영규

감씨(감): 리버티 라운지는 리모델링 프로젝트다.
박정환(박): 원래는 1층을 카페, 2층을 바로 사용하던 건물로, 바보다는 카페로 잘 알려져 있었다. 새로 입주한 클라이언트는 건물을 한 층 증축하여 1~3층 모두 라운지 바로 운영하기를 원했다. 상업 공간이다 보니 단기간에 제한된 비용으로 리모델링을 해야 했다.
　기존의 건물은 콘크리트 블록을 이용해 내외부를 마감했다. 1층은 폴딩도어를 설치해 개방적으로 이용했고, 일부는 짙은 색 금속을 적용했다. 시공 상태가 양호했고 디자인도 현대적이어서 계획 초반에는 기존의 콘크리트 블록 일부를 그대로 활용하려 했다. 그러나 건축주는 화려한 입면을 원했다. 결국 기존의 특성을 유지하면서 라운지 바라는 새로운 프로그램을 만족시키는 중간적 해법이 필요했다. 그 방법으로 크게 드러나지 않는 재료를 이용해 입면에 개성을 더했다.

110　　Application of Fabric

감: 입면의 재료는 어떤 기준으로 선택했나?

박: 짧은 시간이었지만, 재료에 대한 연구를 많이 했다. 일반적으로 재료가 지닌 물성과 다르게 느껴지도록 적용해 건물에 아이덴티티를 부여하고자 하였다. 초반에는 단단하면서도 형태적으로는 부드러운 느낌을 주고자 유리나 FRP 같은 재료를 사용하여 반원 형태의 물결무늬가 위아래로 엇갈리며 만나는 형태를 계획했다. 하지만 유리는 가격이 비싸서 불가능했고 FRP는 미려하지 않고 투명한 탓에 적용이 어려웠다. 다른 재료를 검토하다가 철재의 단단한 물성을 지니면서도 커튼처럼 부드러운 형태를 구현할 수 있는 금속 직물을 사용하기로 결정하였다.

감: 금속 그물망 중에서 커튼 메시 Curtain Mesh를 사용했다. 재료는 어떻게 조사했나?

박: 금속 그물망은 형태가 다양하다. 가장 대표적인 것이 철사를 엮어 만든 철망으로 조직이 촘촘하지 않고 디자인도 마름모, 육각형, 사각형 등으로 단순하다. 금속 직물 metal fabric 은 일반 금속 그물망과 달리 철사와 금속 선재 rod bar 를 혼합하여 직조한다. 직조 방식에 따라 다양한 종류와 디자인이 가능하다. 그 중에서도 커튼 메시는 금속 그물망을 스프링 형태로 꼬아서 직조한 제품으로, 다른 금속 직물보다 저렴하기 때문에 실내에서 광택 있는 패브릭처럼 활용하는 경우가 많다. 인테리어 소재라 일반적으로 알루미늄이나 철재를 사용하지만, 우리는 외장재로 계획했기에 스테인리스 스틸 제품을 적용했다. 커튼 메시는 부재가 작아 다른 금속 직물에 비해 투과성이 높다. 이 때문에 커튼처럼 자연스러운 곡선 형태를 가지면서도 겹치게 하여 개방 정도를 조정해야 한다.

감: 커튼 메시의 장점은 무엇인가? 실제 공사 기간과 예산은 어느 정도였나?

박: 커튼 메시는 단위면적($1m^2$)당 10만 원대로 단가도 저렴하고 시공이 간편하다. 제품은 일반적으로 폭 6m, 길이 50m의 롤 형태로 생산되는데 리버티 라운지는 외장재 물량이 30m라 롤 하나로 충분했다. 또 절단도 쉽고 단순히 레일에 거는 방식으로 고정해 하루 만에 시공을 마쳤다.

커튼 메시는 바람이 불면 살짝 일렁이고 고유한 반사와 광택이 있어 시간에 따라 모습이 변한다. 라운지 바를 운영하지 않는 낮에는 무표정하지만 사람들이 찾는 밤에는 아래쪽에 설치한 업라이트 조명이 따뜻한 느낌을 준다.

감: 일반적으로 금속 외장재는 내구성 강한 고내식성 강판을 사용하는데, 확장형 금속망을 썼다.

박: 리버티 라운지는 프로그램 특성상 내외부가 소통하면 안 되었다. 외부 환경으로부터 차단하기 위해서는 창을 없애고 입면에 석재나 콘크리트, 부피감 있는 금속 등 막힌 재료를 써야 한다. 여기에 입면 디자인을 위해 다른 재료를 이중으로 사용한다면 모두 단순한 치장재 역할을 할 수밖에 없었다. 그러나 우리는 막혀 있지만 투명해 보이고 싶었다. 그래서 내외부를 차단하는 동시에 소통시키는 소재로 커튼 메시를 선택했다. 소통의 또 다른 방법이다.

커튼 입면을 열고 안으로 들어서면, 바깥으로부터 차단된 라운지 바가 그 모습을 드러낸다.

리버티 라운지(Liberty Lounge)

설계 박정환, 송상헌
위치 서울특별시 강남구 도산대로51길 19
대지면적 955.2m^2
연면적 1,267.17m^2
규모 지상 3층, 지하 1층
구조 철근콘크리트조, 철골조
주요 마감 커튼 메시, 콘크리트 블록, 철재, 유리
완공 2016년 7월

사용한 패브릭

제품명 커튼 메시 A-02-30
제조사(유통사) 한길테크

감: 반원의 패턴을 위아래로 엇갈리게 디자인했다. 특별한 이유는?

박: 외부에서 보면 투명해서 내부가 보이는 것과 같은 느낌이다. 꽉 막힌 내부가 너무 적나라하게 드러나지 않도록 커튼처럼 반원 형태로 접고, 패턴을 위아래로 엇갈리게 했다. 이를 좀더 극적으로 표현하기 위해 LED 조명을 이용했고 조명에 따라 외부에서 어떻게 보일지 사전에 연구한 뒤 모델을 만들었다.

감: 국내 건축법상 공기가 통하는 패브릭은 외장재로 사용할 수 없다. 그럼에도 불구하고 매력적인 재료다. 소재를 다루면서 느낀 장점과 단점은?

박: 커튼 메시에 한해 이야기하자면, 다른 소재에 비해 유연하다. 형태를 만들기 쉽고, 기성재라 설치가 간편하다. 단점은 늘어나는 특성이다. 단단히 고정되는 재료가 아니고 직조한 조직이라 늘어날 수밖에 없다. 내구성이 약하고 직조한 틈 사이로 빛이 투과해 사물이 훤히 드러나는 것도 단점이다. 패브릭답게 쓴다면 괜찮은 재료지만, 외장재로서의 성능만 따진다면 선뜻 사용하기 어렵다. 하지만 제품의 두께나 밀도를 조절하면 그런 단점을 해결할 수 있다. 일례로 한 장의 커튼 메시는 투과율이 높고 평활도가 낮지만 리버티 라운지와 같이 굴곡 있게 쓰면 내구성을 높이고 투과율을 낮출 수 있다.

감: 다른 프로젝트에도 메탈 패브릭을 사용한 적이 있다.

박: 지난해 경기도미술관 전시 공간을 기획했다. 전시의 주제인 '재료'를 다양하게 경험하는 공간을 계획했는데, 일반적인 화이트큐브 전시관과 달리 새로운 시도를 하고 싶었다. 우리는 공간을 구분하고 동선을 유도하는 파티션을 투명한 재료인 금속 메시와 패브릭으로 제작해 새로운 시선으로 작품과 공간을 탐색하도록 유도했다. 멀리서 보면 설치되어 있지 않은 것처럼 투명해 보이지만 다가가면 파티션이 보이는 효과가 있다.

반원 형태로 접은 커튼 메시는 바람에 일렁이고 빛을 반사하며 시간에 따라 다른 모습을 선보인다.

전시 공간의 파티션을
금속 메시와 패브릭으로
제작해 새로운 시선으로
작품과 공간을 바라보도록
유도했다.

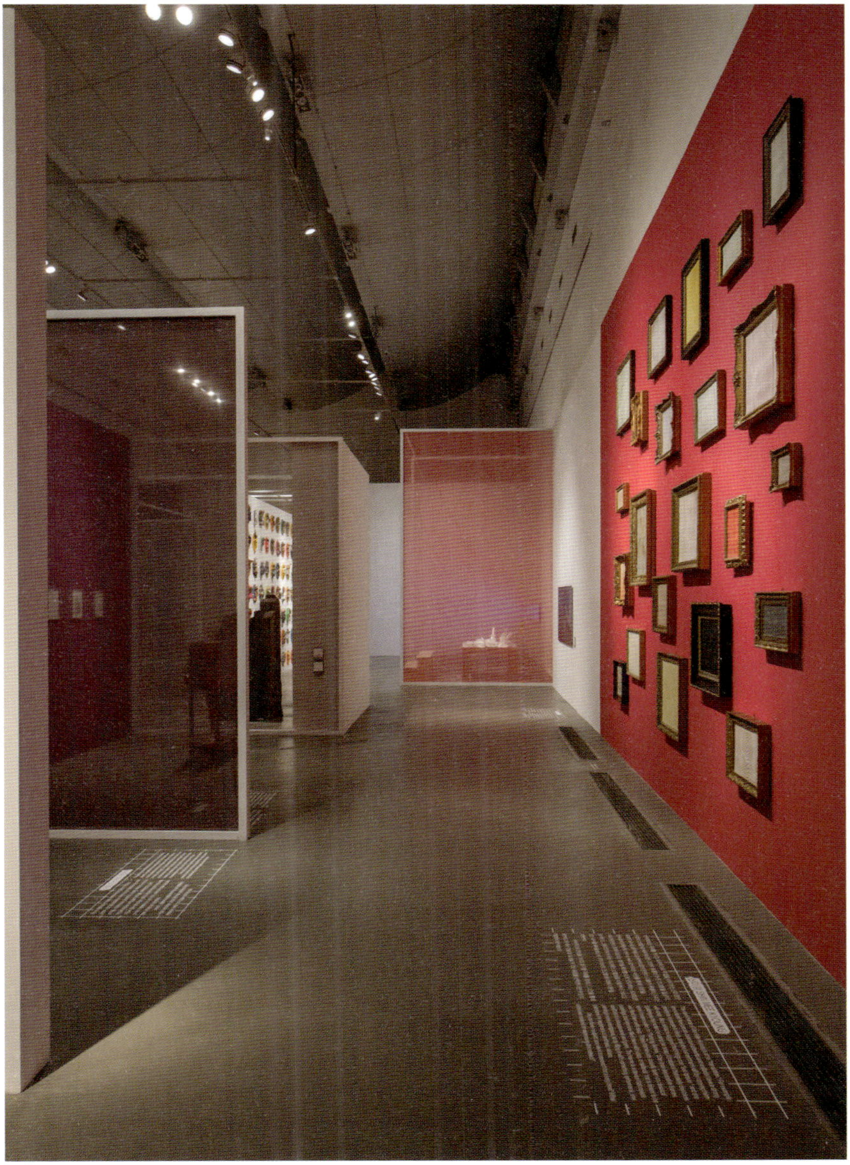

경기도미술관 제공

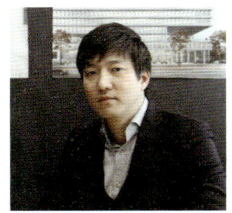

박정환(심플렉스 건축사사무소 대표)

심플렉스 건축사사무소의 대표이자 홍익대학교 건축대학 교수로 건축, 도시, 인테리어 등 폭넓은 작업을 진행한다. 서울대학교와 하버드 건축대학원에서 건축을 공부했으며, 서울의 매스스터디스에서 실무 경험을 쌓고 뉴욕의 리차드 마이어 앤 파트너스와 애심토트 건축설계사무소에서 씨마크 호텔, ZIL 타워 등의 프로젝트에 참여했다. 미국 건축사이며 LEED AP이고, 서울시 공공건축가이다.

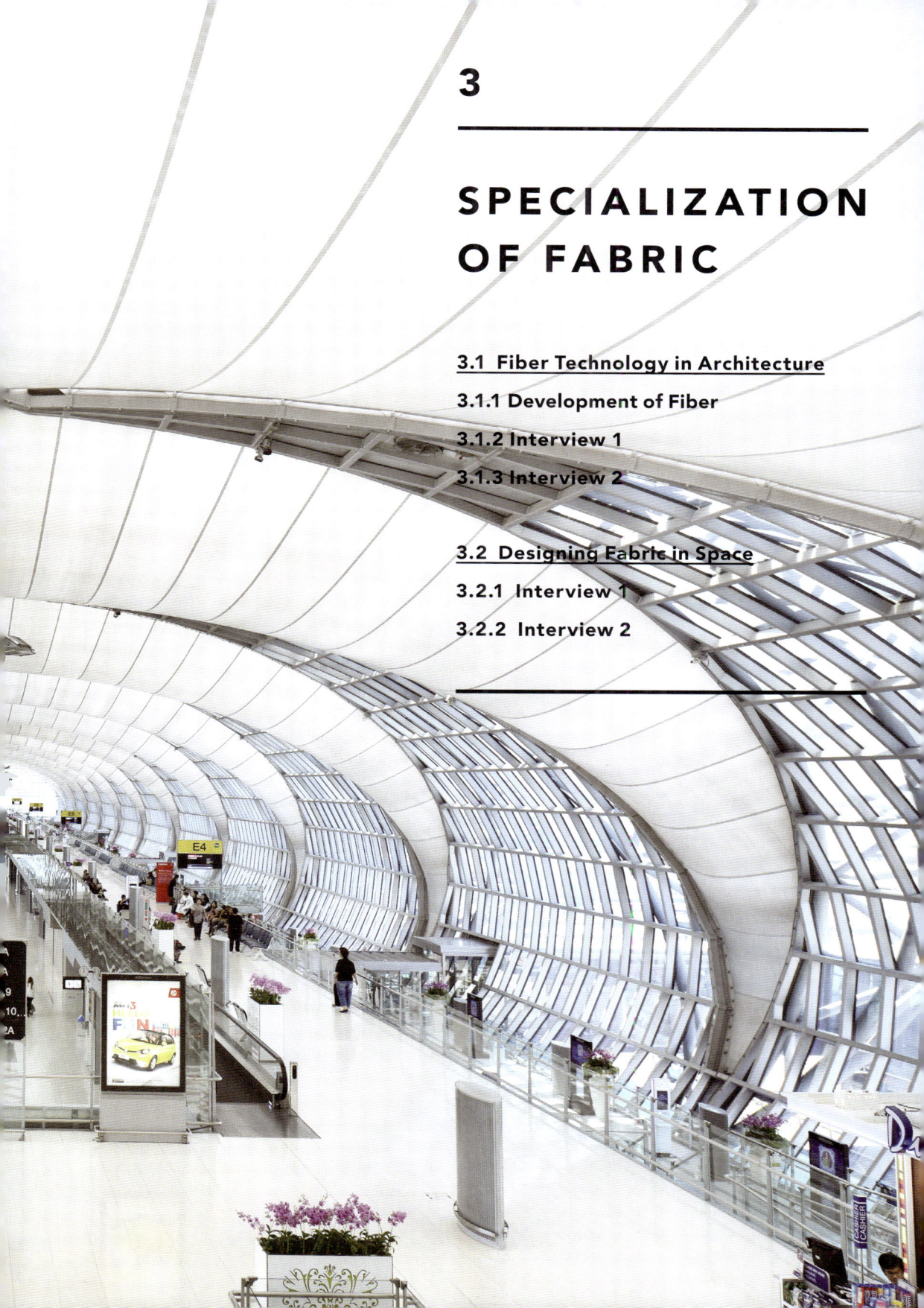

3

SPECIALIZATION OF FABRIC

3.1 Fiber Technology in Architecture
3.1.1 Development of Fiber
3.1.2 Interview 1
3.1.3 Interview 2

3.2 Designing Fabric in Space
3.2.1 Interview 1
3.2.2 Interview 2

3.1

Fiber Technology in Architecture

섬유와 기술의 만남

최근 기술이 접목되면서 섬유는 철보다 단단한 재료로 떠오르고 있다. 대규모 건물에 외장재로 사용되는가 하면 수소 경제의 핵심 소재로 섬유가 꼽히기도 했다. 패브릭의 원료이자 산업자재로 급부상하는 재료, '섬유'에 대해 살펴본다.

Development of Fiber

건축의 단단한 기초가 되다

그동안 섬유소재는 쾌적한 공간을 만들기 위한 미감재로 오랫동안 쓰여왔다. 최근에는 마감재의 역할에 그치지 않고 슈퍼섬유를 조직으로 하는 섬유강화 복합재료를 개발하여 금속, 콘크리트와 같은 건축재료를 대체하고 있다. 섬유는 앞으로도 건축 속 많은 곳에 쓰일 것이다. 끊임없이 기술 개발이 이루어지며 빠르게 성장하고 있는 신섬유와 그 가능성에 대해 알아본다. 글 조대현(하이테크 섬유연구소 대표)

섬유산업에 대한 이해

섬유는 비중이 0.9~1.5 정도로 매우 가볍고, 운사 굵기를 수십 나노미터(nm)까지 가늘게 할 수 있다. 또한 물성이 유연하면서 강하고 섬유집합체의 구조설계에 따라서 성질을 다양하게 발현할 수 있어 여러 산업 분야에서 가능성을 드러내고 있다. 그중 산업용 섬유는 건축, 토목, 전기·전자, 공업 등 전 산업과 연관되어 기능과 성능을 높이거나 새로운 용도를 창출하는 방향으로 발전하고 있다.

최근에는 탄성 같은 역학적 성질과 내열성, 내알칼리성, 내산성 등의 화학적 성능을 향상시킨 슈퍼섬유가 산업자재로 자주 이용된다. 슈퍼섬유는 20g/denier(2.2Gpa) 이상의 강도와 500g/d(55Gpa) 이상의 탄성률을 갖는 소재를 지칭한다. 아라미드, 탄소섬유, 초고분자량 폴리에스터 섬유 등이 이에 해당하고 건축에서 보강재, 내·외장재 등으로 쓰인다.

섬유재료의 분류

원료에 의한 분류	천연섬유, 재생섬유, 반합성섬유, 합성섬유
굵기에 의한 분류	범용섬유, 마이크로 섬유, 나노 섬유
기능에 의한 분류	범용섬유, 고전도 섬유, 자성 섬유, 광투과성 섬유, 이형단면 섬유 고성능 섬유(고강도, 고탄성, 고내열 등)
용도에 의한 분류	의료용 섬유, 복합재료용 섬유, 친환경용 섬유, 단열재용 섬유, 정보전달용 섬유

주요 슈퍼섬유의 종류 및 성능 비교

구분	강도 g/d	탄성률 g/d
고강력 폴리에틸렌 섬유	30~45	1,000~1,600
고강도 탄소섬유	26 (4.1GPa)	1,500 (235GPa)
고탄성 탄소섬유	13	2,400
고강도 아라미드 섬유	25	520
고탄성 아라미드 섬유	23	1,000
아라미드 섬유	9	870
전방향족 폴리에스터 섬유	29	670
PBO섬유 (Poly-phenylene benzobisoxazole)	42~	2,000
유리섬유	14~	300~
철재	6	294

건축 속 슈퍼섬유의 활용

1. 거대 막구조용 섬유재료

막구조는 경량의 막재료를 이용해 내부 공간을 만드는 구조를 뜻한다. 섬유는 막구조의 핵심 소재로, 막재membrane, 케이블, 보조재supporting structure에 쓰인다.

막재로 사용하는 패브릭은 대개 코팅한 섬유로 만든다. 이를 이용해 만든 직물은 물리적 강도가 높고, 화학적 반응성이 낮아 외부에 사용해도 손상되지 않는 내구성을 갖는다. 대표적으로 유리섬유 직물에 불소와 탄소를 화학적으로 결합시킨 물질을 코팅한 PTFEpolytetrafluoroethylene, 폴리에스터에 PVC를 코팅해 만든 직물인 PVFpolyvinyl fluoride, 유리섬유에 실리콘을 코팅해 만든 직물 등을 많이 쓴다. PTFE는 불소가 포함된 물질로 표면을 가공해 자정작용이 우수하다. 주로 경기장과 같은 대규모의 막구조 건축물에 쓰인다.

섬유는 막구조의 핵심 소재로, 막재, 케이블, 보조재에 쓰인다.

2. 건축물 보수 보강용 섬유재료

1994년 미국에서 발생한 노스리지 지진, 1995년 일본의 한신·아와지 대지진, 1999년 대만 대지진 등 규모가 큰 지진이 차례로 발생하면서 내진에 대한 중요성이 대두되었다. 하지만 기존에 보강재로 사용하던 철재는 무게가 무거워 구조물에 걸리는 하중을 증가시켰다. 이에 상대적으로 가벼운 탄소섬유가 대체재로 주목받고 있다.

탄소섬유는 탄성이 우수하고 강도가 높아 유연하고 튼튼한 직물을 만든다. 또 무게가 가벼워 하중의 부하를 줄이면서 작업성을 높인다. 이를 보강이 필요한 구조물에 감싸서 고정하면 직물이 충격을 완화하면서 균열이 생기는 것을 막는다. 이미 파손된 부위는 균열이 더 이상 확대되지 않도록 막아주므로 지진 보수용으로도 자주 쓰인다. 보강재로 탄소섬유를 찾는 사례도 급격히 늘었다. 고베 지역에서는 한신·아와지 지진 이후 파손 부위에 이러한 '탄소섬유 시트 보강법'을 적용하기도 했다.

3. 입체 트러스용 CFRP 섬유재료

섬유강화 복합재료는 뛰어난 강도와 높은 성형성을 함께 겸비해 구조체를 기하학적으로 디자인하는 것이 가능하다. 이를 최초로 이용한 건물은 일본 섬유 기업 도레이TORAY사로, 1997년 에히메 공장 식당동의 지붕에 탄소섬유 복합재료형CFRP 입체 트러스를 적용했다. 삼각형과 사각형을 입체적으로 조합한 이 구조물은 강철로 만든 것보다 중량이 매우 가볍다. 무게가 가벼우니 작업성이 높아져

일본 도쿄 아카사카에 위치한 아크힐즈 모리빌딩.

공기를 줄일 수 있었다. CFRP로 만든 800개의 경량 부재를 지붕 형태로 만드는 데 걸린 기간은 단 4일로, 6명의 작업자가 지상에서 손으로 하나하나 조립해 만들었다. 완성된 트러스 지붕은 50t의 크레인 두 대로 한 번에 들어 올렸고, 지상 6m에 달하는 높이에서 10개의 철골기둥 꼭대기에 설치하기까지 고작 30분이 걸렸다. CFRP의 특징을 최대한 살렸기 때문에 가능했다. 같은 크기의 지붕을 강철 트러스로 만들었다면 무게가 약 18t에 육박하여 더 큰 규모의 수송수단이 필요했을 것이다. CFRP를 사용한 입체 트러스의 건설은 지금도 활발하다. 최근에는 실내 수영장, 체육관 등 대규모 공간을 필요로 하는 건축물들을 중심으로 전개되고 있다.

4. 기타

탄소섬유를 수지와 섞은 섬유강화 복합재료는 철근콘크리트에서 철근을 대체하는 재료로 두각을 보인다. 일본 도쿄 아카사카에 위치한 37층 규모의 아크힐즈 모리 빌딩은 피치계 탄소섬유를 혼합한 복합 콘크리트로 지어졌다. 피치계 탄소섬유는 석유 잔류물을 방사해 만든 소재로, 제법에 따라 탄성률을 조절할 수 있다. 이 공사에 사용된 피치계 탄소섬유는 약 160t으로, 약 4,000t의 철근과 같은 성능을 낸다. 이는 종래에 비해 외벽 중량을 60%, 지진하중을 12% 수준으로 낮춘 획기적인 기술로 평가받는다. 그 밖에도 압축력, 인장력과 같은 기계적 강도, 접착 강도가 높고 용해도와 화학적 반응이 우수한 PVA(Polyvinyl Alcohol, 폴리비닐알코올), 강도와 탄성, 내열성이 우수한 아라미드 섬유, 그리고 물보다 가벼우면서 높은 강도와 탄성을 갖춘 초고분자량 폴리프로필렌 섬유가 콘크리트 보강재로써 사용되고 있다.

섬유 활용을 위한 방책

그간 섬유는 의류를 중심으로 개발됐다. 그러나 의복은 고도의 성능을 필요로 하지 않던 탓에 건축이나 토목으로 적용되지 못했다. 이후 섬유의 강도, 탄성을 높이면 기존의 산업용 소재를 대체할 수 있다는 가능성을 발견하면서 아라미드 섬유, 탄소섬유 등이 개발됐다. 이제 슈퍼섬유를 사용한 복합 재료는 해양, 토목·건축, 교통, 스포츠·레저, 의료뿐 아니라 항공·우주까지 점차 그 용도를 확대하고 있다.

하지만 좀 더 활발히 쓰이기 위해서는 적용 분야에서 필요로 하는 특성을 파악하고 이를 집중 개발하는 것이 중요하다. 개별 기업의 노력 뿐 아니라 관련 업계와 긴밀한 제휴나 공동 연구가 함께 추진되어야 한다. 건축 분야에서는 공법 보급, 시행 방법 보급, 재료의 개발 세 분야에 대해 중앙·지방정부, 건설 엔지니어링 회사, 화학섬유 제조사가 삼위일체가 되어 공동 대응하는 것이 최선의 해결 방책이라 생각된다.

조대현 (하이테크 섬유연구소 대표)

1978년 영남대학교 섬유공학과에 입학해 동 대학원에서 석·박사를 취득했다. 1987년 코오롱 기술연구소에 입사하여 섬유연구부 책임연구원을 역임하였고, 2003년 한국섬유개발연구원 연구개발본부장직을 맡았다. 2016년 하이테크 섬유연구소를 설립하고 현재 소장으로 재직 중이다.

Interview 1

패브릭 원료에서 산업의 미래를 엿보다

섬유는 오랜 연구를 통해 용수철의 탄성과 철의 강도를 얻었다. 머리카락보다도 얇은 섬유가 산업 자재의 핵심 원료가 된 것이다. 그중에서도 탄소섬유는 자동차, 교량 등 다양한 분야에 적용되며 미래 소재의 주역으로 떠오르고 있다. 효성첨단소재는 2011년 국내 최초로 탄소섬유를 자체 개발하는 데 성공해 2013년부터 꾸준히 탄소섬유를 생산하고 있다.

인터뷰 **정신오** 인터뷰이 효성첨단소재 **김철** 탄소소재 연구담당 상무 사진 제공 효성첨단소재

감씨(감): 자동차, 토목, 건설, 운송 등에 쓰이는 원사를 생산한다. 효성첨단소재에서 생산하는 산업용 원사를 소개해 달라.
김철(김): 산업용 폴리에스터 원사, 나일론 원사, 아라미드 섬유, 탄소섬유 등을 생산한다. 산업용 원사는 의류용보다 특화된 성능이 요구된다. 그래서 용도나 고객의 수요에 따라 강도나 탄성을 높인다. 필요에 따라서는 공기 기밀성이나 접착력 등의 성능을 더하기도 한다.

감: 차량용 원사는 전용 제품을 개발하고 일괄 생산 설비까지 구축했다. 어떤 종류의 패브릭을 어느 부위에 적용하나?
김: 차량용 원사는 사용자와 접하는 것과 내부에 숨겨지는 것으로 나뉜다. 전자에는 안전벨트, 에어백, 자동차용 카펫이 있다. 안전벨트와 에어백은 승객의 안전과 직결되기 때문에 강도, 신도[1] 외에도 내마모성, 기밀성, 접착성 등이 필요하다. 때문에 이를 확인하고, 손상된 원사가 없는지 점검하는 등 품질 관리에 특히 신경 쓴다. 에어백은 우리가 개발한 폴리에스터, 나일론 원사로 강도와 인성을 확보한다. 카펫은 나일론과 폴리에스터로 흡음 효과를 높이고 뛰어난 내구성을 구현했다.

숨겨져 있는 소재는 구조물의 하중을 견디는 기능을 한다. 자동차에 쓰이는 고무 자재는 상대적으로 움직임이나 변형이 크기 때문에 내부에 보강재를 넣어야만 필요한 내구성을 갖는다. 예를 들어 일반 승용차는 타이어의 뼈대가 되는 타이어 코드를 넣는데, 이 타이어 코드를 폴리에스터 원사로 만든다. 우리의 타이어 코드는 전 세계 승용차 두 대 중 한 대가 사용할 정도로 독보적이다.

감: 2011년 국내 최초로 탄소섬유 TANSOME 를 자체 개발했다. 소재에 집중하게 된 배경이 궁금하다.
김: 1980년대에 이미 국내 상당수의 연구소와 기업이 탄소섬유에 관심을 가졌다. 하지만 당시에는 생산국이 많지 않았고 기술도 공개하지 않았다. 관련 시장도 막 개발되기 시작할 무렵이라 불모지나 다름없었다. 그럼에도 원료를 구하기 쉽고 다른 재료와 혼합해 사용하면 성능을 강화할 수 있다는 점에서 산업적으로 활용도가 높은 재료라는 것은 분명했다. 우리는 일찍이 탄소섬유의 성장 가능성을 파악해 2007년부터 개발에 착수했고 2011년 일본, 독일, 미국에 이어 세계에서 네 번째, 국내에서는 최초로 고강도 탄소섬유 생산기술을 자체 개발하는 데 성공했다.

감: 2013년 5월부터 전라북도 전주 친환경 복합산업단지에 탄소섬유 공장을 운영 중이다. 연간 생산량은 어느 정도인가?
김: 현재 전주공장에서는 1개 생산라인으로 연간 2,000t의 탄소섬유를 생산한다. 2020년 시설을 2개로 증설하면 연간 4,000t으로 증가할 것이다. 2028년에는 10개로 생산라인을 증설해 단일 공장으로는 세계 최대 규모의 설비를 구축할 예정이다.

△△△ 전라북도 전주 친환경 복합산업단지에 위치한 탄소섬유 공장 전경.
△△ 탄소섬유는 원사 안에 탄소를 92% 이상 함유한다.
△ 2016년 응용 분야별 탄소섬유 시장의 비중은 자동차가 18.8%로 가장 크다.

감: 다른 산업 용사와 비교해 성능 면에서 탄소섬유의 강점은 무엇인가?

김: 탄소섬유는 원사 안에 탄소를 92% 이상 함유한다. 덕분에 무게는 철의 4분의 1로 가볍고, 10배의 강도, 7배의 탄성을 지닌다. 금속이 아니기 때문에 부식되지 않고, 전도성, 내열성이 높아 철이 사용되는 거의 모든 제품과 산업에 대체가 가능하다.

감: 탄소섬유는 원료에 따라 종류가 나뉜다. 어떤 것이 있으며, 효성에서 집중적으로 생산하는 것은 무엇인가?

김: 이론적으로 탄소를 원소로 갖고 있는 고분자물질이라면 대부분 탄소섬유의 원료로 쓸 수 있다. 하지만 실제로 적용 가능한 고분자물질은 팬(PAN, Poly-Acrylonitrile)계와 피치PITCH계로 나뉜다. 팬계 탄소섬유는 아크릴로나이트릴을 원료로 만든 것이다. 아크릴로나이트릴에 열과 압력을 가하여 고분자상태로 만든 뒤 방사[2]하면 팬 섬유가 된다. 이를 고온에서 탄화[3]해 제조한 것이 팬계 탄소섬유로, 강도와 탄성력이 높은 것이 특징이다. 피치계 탄소섬유는 석유, 석탄의 제조 공정에서 증류하고 남은 잔류물인 피치를 실로 만든 후 고온에서 탄화해 제조한 것이다. 제법에 따라 탄성률을 다양하게 조절할 수 있고, 팬계보다 단가가 낮다. 하지만 강도가 약하다.

둘의 사용 비율을 보면 2012년 기준 세계 탄소섬유 시장의 96.2%가 팬계, 3.8%가 피치계다. 효성첨단소재 역시 팬계 탄소섬유를 생산한다.

감: 탄소섬유는 천과 플라스틱의 질감을 모두 구현한다. 재질을 결정하는 핵심 원료는 무엇인가?

김: 원단처럼 형태가 규정되지 않도록 만든 것은 정말 천의 용도로 쓴다. 하지만 그 비율은 매우 적다. 탄소섬유가 아무리 강하더라도 모든 섬유가 함께 견뎌주지 않으면 하중으로 인한 변형을 막을 수 없다. 그래서 대부분은 플라스틱처럼 단단하게 가공해 사용한다. 이를 위하여 사용하는 것이 수지matrix다. 수지는

폴리에스터 원사로 만든 타이어 코드. 상대적으로 움직임이나 변형이 큰 타이어의 뼈대 역할을 한다.

굳으면서 섬유와 섬유 사이를 떨어지지 않게 붙여주어 전체가 힘을 견디도록 한다. 수지는 종류에 따라 생산성과 내열성이 결정되고 일반적으로는 에폭시 소재의 열경화성 수지를 사용한다. 현재 산업에 쓰이는 대부분의 탄소섬유는 수지와 함께 생산한다.

감: 주로 어떤 분야의 산업에 쓰이나?
김: 시장조사 업체인 JEC에 따르면, 2016년 기준 응용 분야별 탄소섬유 시장의 비중은 자동차가 18.8%로 가장 많고, 그 뒤로 풍력 17.7%, 우주항공 14.3%, 스포츠·레저가 11.1%를 차지한다. 탄소섬유를 적용하면 부품의 무게를 줄일 수 있으니 경량화가 요구되는 자동차, 항공 분야에 가장 많이 쓰인다. 스포츠 분야에서는 높은 탄성 덕분에 진동, 충격 흡수 기능이 중요한 테니스 라켓, 골프채 손잡이, 배드민턴 라켓, 낚싯대로 활용된다.

감: 탄소섬유는 '미래 산업의 쌀'로 불리며 수소경제의 핵심 소재로 떠오른다. 그 이유는 무엇인가?

김: 최근 화석연료의 고갈에 대비해 모든 산업에서 에너지원을 수소로 대체하려는 연구가 활발하다. 수소경제의 핵심은 수소를 기체 상태로 저장하는 기술이다. 수소는 액화점이 낮고, 가장 가벼운 원소라서 쉽게 확산된다. 이를 막기 위해서는 700bar, 즉 690atm 이상의 높은 저장압력을 가진 고압의 압력용기가 필요한데, 버스 등에 쓰이는 CNG용기는 200bar 정도로 압력이 낮아 운반이 불가능하다. 저장압력을 높인다 해도 무거워서 부품으로 사용하기 어렵다. 탄소섬유는 가벼우면서 강도가 높아 산업 부품으로 안성맞춤이다. 현재는 우리와 일본 선진사만 이에 적합한 탄소섬유를 상업적으로 생산하고, 수소자동차에 적용하고 있다.

감: 탄소섬유 산업에서 해결되어야 할 숙제는 무엇인가?

김: 탄소섬유의 물성은 이미 여러 분야에 적용할 수 있을 정도로 충분히 개발됐다. 하지만 생산성이 떨어지고 제조 비용이 많이 든다. 특히 탄소섬유로 제품을 만드는 후가공 비용이 높아 이에 대한 경제성을 확보하는 것이 중요하다. 탄소섬유를 다른 분야에 확대 적용하기 위해서는 단가를 낮출 수 있는 원료 물질과 생산 방법을 개발하고 제품화하는 공정의 단가를 낮추어야 한다.

용어정리
1) 신도: 일정 온도, 일정 견인 속도에서 절단되기까지 늘어나는 길이.
2) 방사: 섬유를 만들 수 있는 고분자물질을 녹여서 가는 구멍을 통하여 실을 뽑아내는 공정.
3) 탄화: 유기물을 가열하면 열분해하여 비결정탄소를 생성하는 현상.

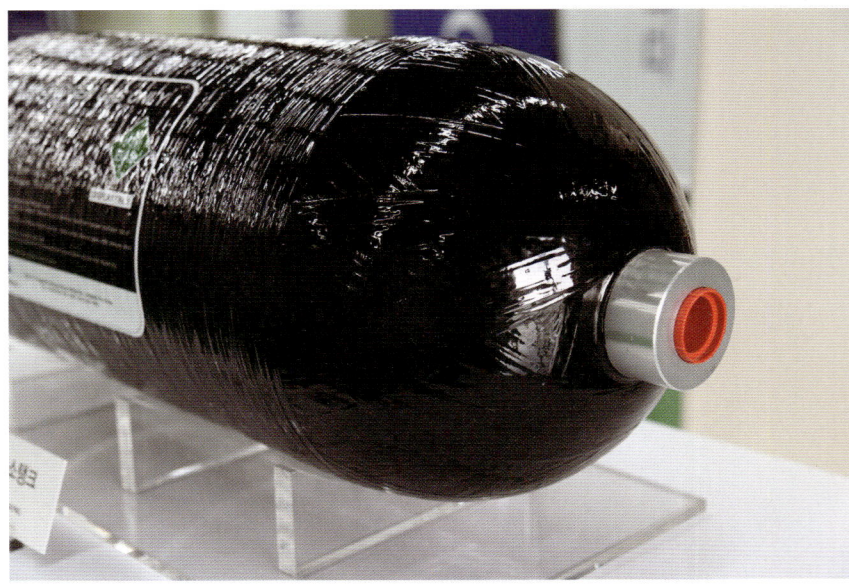

탄소섬유로 제작한 고압의 압력용기.

⟨Rami XII⟩(2019) 전시. '라미(Rami)'는 라틴어로 '나뭇가지'를 의미하며, 디자이너 노일훈은 탄소섬유를 이용해 식물의 생장력을 표현했다.

©2020 Studio Il Hoon Roh

김철(효성첨단소재 탄소소재 연구담당 상무)
1999년 서울대학교에서 섬유고분자 공학 박사과정을 마치고, 효성 생산기술연구소 책임연구원으로 타이어 보강재를 연구, 개발했다. 2014년부터 효성기술원 산업자재 담당연구 임원을 지냈고, 2018년부터 수소경제의 핵심인 탄소섬유의 연구를 진행하고 있다.

섬유의 변신을
도모하다

모포시스
임성수

-

미국의 건축가 톰 메인Thom Mayne이 이끄는 건축설계사무소 모포시스는 기존의 재료를 건축에 새롭게 적용하기 위해 끊임없이 구조와 기술을 개발한다. 국내에 설계한 코오롱 원앤온리 타워와 세종 엠브리지 타워에서도 그러한 시도가 엿보인다. 그는 얇은 가닥에 지나지 않는 유약한 섬유를 합성수지, 콘크리트 등과 혼합해 가볍지만 튼튼한 건물의 옷을 만들었다. 이를 위해 신기술, 신공법을 적용해 구조체를 제작하고 시공 방식을 개발하기도 했다. 모포시스 임성수는 "패브릭을 건축에 적용하기에는 아직 한계가 많다"며 "우리가 할 수 있는 것은 다음 세대에는 적극적으로 쓸 수 있도록 새로운 방식을 끊임없이 탐구하는 것"이라고 말한다. 인터뷰 정신오

감씨(감): 섬유를 개발하고 생산하는 코오롱 그룹의 연구개발(R&D) 센터, 원앤온리 타워를 설계했다. 건물에 대해 간략히 소개해 달라.

임성수(임): 코오롱은 다양한 산업 분야에 쓰이는 패브릭을 생산하는 회사로, 그중에서도 패션으로 익숙하다. 의류로 익숙한 기업의 브랜드 이미지를 디자인에 반영하고자 옷을 레이어드 해 입는 것처럼 공간에 패브릭의 켜를 만들었다.

130 Specialization of Fabric

감: 일반적으로 연구소는 보안 문제 때문에 폐쇄적인데, 이곳은 도시를 향해 개방되어 있다.

임: 건축주와 모포시스는 도시와 소통하지 못하고 닫혀 있는 기존의 연구소 이미지를 탈피하고 싶어 했다. 그래서 중앙공원을 향한 서측 입면을 커튼월로 개방해 도시와의 소통을 시도했다. 유리입면에는 코오롱 그룹의 정체성을 상징하는 차양을 설치해 일사 부하를 50% 가까이 줄였다. 커튼월 뒤에는 아트리움, 회의실, 강의실, 그리고 다목적홀을 배치해 코오롱글로텍, 코오롱인더스트리, 코오롱 생명과학 3사의 구성원들이 공용 공간을 오가며 자연스럽게 소통하도록 했다.

감: 차양의 형태가 독특하다.

임: 차양은 직조한 패브릭의 짜임에서 영감을 받았다. 모듈은 직물을 늘였을 때 나타나는 매듭처럼 삼각형에서 위아래로 줄기가 뻗어나가는 형태다. 줄기는 굵기와 위치에 따라 위쪽의 두꺼운 부재를 헤드head, 얇은 것을 암arm, 아래쪽 부재를 테일tail로 구분한다. 모듈 크기는 강의실 층고와 폭의 절반인 2.6×3.1m로 계획해 4개의 유닛이 모여 회의실의 입면을 이루도록 했다.

코오롱 원앤온리 타워 전경.

Specialization of Fabric

감: 차양은 어떤 소재로 제작했나?

임: 우리는 부수적인 철물을 배제하고 섬유만으로 이루어진 구조물을 차양으로 사용했다. 삼각형 모듈의 면을 이루는 중심부는 6mm 두께로 유리섬유를 혼합한 유리섬유강화플라스틱(이하 GFRP)이다. 헤드와 암, 테일은 헤라크론Heracron이라는 코오롱인더스트리의 아라미드 섬유를 추가로 혼합했다. 아라미드를 혼합하면 모듈 내부에 다른 하드웨어를 삽입하지 않아도 돼 제작공정이 훨씬 간단하고 재료 자체가 구조가 되어 강철보다 강한 힘을 발휘한다.

결과적으로 입면에 작용하는 불필요한 하중을 줄여 단일 무게가 190kg 정도인 모듈 400여 개를 구조적인 문제없이 설치했다.

감: 각 모듈은 어떤 방식으로 고정했나?

임: 모듈끼리 연결할 때는 스테인리스 스틸 소재의 브래킷을 이용했다. 이 철물은 위쪽 세 부분이 U자형으로 파여 있어 각 요철에 헤드와 암, 테일에 미리 심은 볼트를 걸도록 되어 있다. 1차로 고정한 헤드와 암은 작은 진동에 대비해 버클로 한 번 더 체결했다. 기본 모듈은 이렇게 2차로 결속하고, 건물의 형태 때문에 줄기가 끊어진 이형 모듈은 3차 브래킷까지 연결하기도 했다.

△△ 차양 모듈은 헤드와 암, 테일에 아라미드 섬유를 추가로 혼합해 구조적 성능을 높였다.
△ 모듈은 원사를 짰을 때 생기는 매듭처럼 삼각형에서 위아래로 줄기가 뻗어나가는 형태다.

코오롱 원앤온리 타워

설계 모포시스
위치 서울특별시 강서구 마곡동, 가양동
대지면적 18,484m²
연면적 76,349.12m²
규모 지상 10층, 지하 4층
구조 철근콘크리트조
주요 마감 알루미늄 패널 커튼월, GFRP, GFRC 노출콘크리트
완공 2018년 1월

사용한 섬유

차양
소재 GFRP(헤라크론 첨가)
제조사 코오롱인더스트리 한국카본

사용한 패브릭

아트리움
소재 샤무드, 에어백
제조사 코오롱인더스트리
소재 3D 메시, 코니그린
제조사 코오롱글로텍
소재 나일론, 폴리에스터
제조사 코오롱패션머티리얼
라이너시스템 스틸라이프

감: GFRP를 제작할 때는 어떤 방식을 이용하나?

임: 대개 인퓨전infusion, 핸드 레이업hand lay-up, 프리프레그pre-preg 세 가지 방식을 이용하는데 매듭 모양의 모듈은 인퓨전 방식으로 제작했다. 이 방식의 핵심은 틀mold을 정확하게 제작하고 GFRP를 굳힐 때 진공상태를 유지하는 것이다. 원앤온리 타워의 모듈은 비정형 곡면이어서 틀을 성형하기 위해 쓰는 목형을 만들 때, 절대좌표와 상대좌표를 잡고 일정 간격마다 곡률을 레이저로 정확히 재확인해야 했다. 틀을 완성하면 원료가 밀실하게 채워지도록 진공상태를 확인한 후 제작에 들어간다. 일부 줄기가 끊어진 이형 모듈은 기본형 틀에 파티션을 세워서 제작하고, 밀리미터(mm) 단위로 오차를 확인했다.

감: 실내는 강화섬유가 아닌 원단을 적용했다.

임: 외피에 GFRP를 사용했다면, 내피에는 라이너 시스템liner system을 적용했다. 이 방식이 적용된 곳은 6개층을 수직으로 관통하는 아트리움으로, 전시와 행사가 열리는 다목적 이벤트 공간이다. 우리는 '어반 캐니언urban canyon'처럼 형태가 자유로운 아트리움 양측에 크기가 9.4×1.2m인 마름모꼴 모듈 400여 개를 설치했다. 모듈의 재료는 의류용 폴리에스터와 자동차에 쓰이는 에어백, 3D 메시, 인조 가죽인 샤무드Chamude 그리고 인조 잔디인 코니그린Konygreen으로 일상에서 빈번하게 쓰이는 원단이다.

설치할 때는 프레임의 양면에 각 원단을 고정하고, 그 위로 슬라이딩 캡을 덮은 다음 양끝단만 볼트를 체결하여 외관을 간결하게 마감했다. 덕분에 패브릭의 평활도와 탄성을 유지하고 교체 공정은 단순화했다. 아트리움에 쓰이지 않은 안전벨트용 폴리에스터 원사 아킬렌Akilen, 광전지, 지오닉 등의 소재는 방문객이 사용하는 리셉션 룸에 각기 다른 콘셉트로 설치했다.

협곡처럼 자유로운 아트리움의 벽면을 효율적으로 시공하기 위해 개발한 유니버설 조인트.

아트리움 전경. 금속 구조물과 라이너 시스템이 연속되도록 설치해 원단이 되는 과정을 형태적으로 표현했다.

감: 400여 개의 모듈을 벽면에 고정하는 과정에서 어려움은 없었나?

임: 아트리움 벽면이 협곡처럼 자유로운 형태라 모듈을 볼트로 일일이 고정하려면 위치마다 꺾인 각도에 맞춰 철물을 제작해야 했다. 우리는 번거롭고 효율성이 낮은 방법 대신 '유니버설 조인트'와 '로드 그립 시스템'을 개발해 작업을 단순화하고 시공성을 높였다.

라이너 패널에는 기본적으로 동일한 길이의 1차 고정철물-fastner이 부착된다. 우리는 그 끝에 360° 회전이 가능한 유니버설 조인트, 모듈마다 길이가 다른 2차 고정철물 그리고 구조체를 잡기 위한 원형 그립을 연결했다. 우리는 세 개의 접합점을 가진 이 철물로 위치마다 적절한 각도와 길이를 바꿔 아트리움의 시공 오차를 통제했다.

감: 패브릭 라이너 시스템을 적용하기 위해 철물부터 로드 그립 시스템까지 다양한 기술을 개발했다.

임: 아트리움으로 향하는 복도의 수직 난간과 대계단의 수평 난간도 라이너 시스템의 일부다. 자세히 보면 난간의 짝수 기둥이 수직으로 올라가고, 그 위로 마름모꼴의 모듈이 걸리면서 아트리움을 만든다. 금속 구조물을 연속되게 설치해 원사가 직조되면서 원단이 되는 과정을 형태적으로 표현한 것이다. 이 프로젝트만을 위해 코오롱 그룹과 모포시스가 협력하여 개발한 유일무이한 시스템이다.

세종 엠브리지 복합시설

설계 모포시스
위치 세종특별자치시 세종시 어진동
대지면적 9,679.2m²
연면적 82,209.87m²
규모 지상 11층, 지하 6층
구조 철근콘크리트조, 철골조

주요 마감 알루미늄 패널, 커튼월, GFRC, 노출콘크리트
완공 2020년 4월

사용한 패브릭

입면 패널

소재 GFRC
제조사 Bei Li Da
시공사 휴가건설

감: 세종 엠브리지 타워 역시 섬유를 이용해 입면을 만들었다. 프로젝트에 대해 소개해 달라.

임: 세종시 정부청사는 3km가량이 옥상정원으로 이어지는 형태다. 규모 면에서 세계적으로 전례가 없는 디자인이다. 우리는 정부청사의 옥상정원과 조화를 이루어 세종시의 '도시적 흐름'을 연결하고자 했다. 이를 위해 두 부지에 세 개의 독립된 타워를 세우고, 3층과 11층을 다리로 연결했다. 또한 수평으로 긴 GFRC 육각형 패널을 대각선으로 이어 부지 동측을 지나는 방축천의 흐름을 표현했다.

감: 모듈은 총 몇 가지가 있나?

임: 엠브리지 타워는 하나의 무게가 약 1t 인 모듈이 총 1300여 개 쓰였다. 종류는 창의 크기와 돌출된 형태로 차이를 둔 기본형 여섯 가지와 여덟 개의 코너를 자연스럽게 연결하기 위해 만든 이형이 있다. 그 밖에도 건물 입면이 100m를 초과하여 4개의 신축 줄눈 expansion joint 을 설치한 부위에 구조 변이에 잘 대응하도록 크기를 바꾼 모듈이 있다.

감: 모듈을 GFRP가 아닌 GFRC로 제작한 이유가 궁금하다.

임: GFRP는 성형성이 우수해 비정형의 모듈을 만들기에 적합하지딴, 건축법상 불연재가 아니다. 입면의 상당부가 패널인 이 프로젝트에는 사용할 수 없다. 또 GFRP는 현장에서 설치하면서 생기는 시공 오차나 바탕 철물 back frame 의 위치 변동에 대응하기 불리해 GFRC를 사용했다.

감: GFRC를 사용하면서 어려웠던 점이 있다면 소개해 달라.

임: 입면에 10m가 넘는 GFRC 패널을 사용한 경우는 종종 있지만, 엠브리지 타워처럼 중심부가 뚫린 창호형 패널을 적용한 사례는 거의 없다. 디자인과 더불어 제작, 운반, 설치까지 시공의 전 과정이 하나의 도전이었다.

    모듈을 20mm 두께로 만들기 위해서는 섬유를 한 번에 3mm 두께로 분사하고 기포를 제거하는 작업을 5회 정도 반복해야 하기 때문에 노동력 확보가 중요한데, 이를 제작하는 곳이 많지 않았다. 또 패널의 전체 길이가 9.4m나 되어 운반하고 들어 올리는 과정에서 파손될 가능성이 높았다. 그래서 굳는 속도가 빠른 알루미나 시멘트alumina cement를 사용해 조기 강도와 구조적 성능을 확보했다. 틀을 떼어내고 콘크리트를 굳히는 과정에도 특히 신경 썼다.

감: 두 프로젝트 모두 유리섬유를 활용했다. 유리섬유를 선호하는 이유가 있나?

임: 유리섬유는 다양한 형태를 만들기 쉽고 다른 재료와 혼합하면 원재료의 성능을 강화한다. 또 다른 섬유에 비해 경제적이고 시공성이 뛰어나다. 이제는 어느 정도 보편화되어서 건축에 적용하기에도 큰 부담이 없다.

감: 앞으로 패브릭을 활용하기 위해 해결해야 할 숙제가 있다면?

임: 불연성을 갖추거나 방염성에 대한 대안이 필요하다. 건축법에서 규정하는 외장재의 기준에 부합하려면 시험 성적 이상의 성능이 나와야 하는데 패브릭은 기준에 못 미치기 때문에 적용이 어려운 경우가 많다. 또 법규에서 요구하는 성능이 적합한지 증명하는 과정이 제품이나 산업의 발달 속도보다 느려 패브릭을 사용할 수 있는 경우가 매우 제한적이다. 다소 이상적인 생각이지만 다른 산업 법규와 호환되는 부분은 차용하고, 스스로 불을 끄는 자소성 테스트 등 소방과 관련된 성능을 함께 고려할 수 있게 된다면 앞으로의 활용 가능성이 더 높아질 것이다.

◁ 모서리 면의 모듈, 길이가 약 9.4m로 길고, 두께는 20mm로 매우 얇다.
◁▽ GFRC 패널은 제작과정이 복잡해 1300 여 개의 모듈을 해외에서 제작해 국내로 들여왔다.

톰 메인(Morphosis Architects 창립자)

1972년 건축설계사무소 모포시스를 설립한 그는 독창적인 디자인을 시도하고 이를 구현하기 위해 끊임없이 새로운 기술을 연구했다. 그리고 2005년, LA에 설계한 칼트랜스 디스트릭트7 본부(Caltrans District7 Headquarters, 2005)로 프리츠커 상을 수상하며 세계적으로 명성을 알렸다. 현재는 모포시스를 운영하며 UCLA에서 명예교수로 재직 중이다.

모듈은 창의 크기와 돌출된 형태로 차이를 둔 기본형 여섯 가지와 코너를 자연스럽게 연결하기 위해 만든 이형이 있다.

3.2

Designing Fabric in Space

공간을 채우는 색과 패턴

패브릭은 다채로운 색감과 패턴으로 디자이너의 생각을 시각적으로 훌륭하게 구현하는 소재다. 공간을 이루는 다양한 패브릭을 기획하고 만드는 디자이너와 브랜드를 소개한다.

패턴에서 발현하는 아름다움

공간에 패브릭을 적용하는 방법은 다양하다. 그중에서도 키티버니포니가 선택한 것은 선명한 색감과 다채로운 패턴. 파우치, 가방 같은 소품부터 커튼, 쿠션 등의 인테리어 제품, 최근에는 가구와 의류까지, 그들은 직접 디자인한 원단을 다양한 아이템에 적용하며 패턴의 힘을 일관되게 보여준다. 메종 키티버니포니 서울에서 김진진 대표를 만나 색색의 패턴으로 공간과 일상에 기쁨을 채우는 그들의 이야기를 들었다.

인터뷰 정경화 인터뷰이 키티버니포니 김진진 대표

감씨(감): 키티버니포니의 특징은 선명한 색감과 다채로운 패턴, 하나의 원단으로 만드는 다양한 제품, 세 가지로 요약된다.
김진진(김): 패브릭을 전문적으로 공부하지 않았기에 오히려 남들과 다르게 접근했다. 그래픽 디자인을 전공하고 디자이너로 일한 경험을 바탕으로 패턴을 만든 다음 원단에 옮기는 방식을 적용했다. 지금도 대부분은 패턴을 먼저 디자인하고, 원단을 완성한 후에 용도를 고민한다. 또한 원단은 생산 단위가 500~1000yd(457.2~914.4m)로 기본 물량이 매우 많아 하나의 디자인으로 여러 제품을 제작하는 것이 유리하다.

단점은 파우치부터 커튼까지 규격이 다양한데 패턴의 크기는 똑같다 보니 제품에 따라 분위기가 달라질 때가 있다. 기본적으로는 같은 디자인으로 제작하고 물량이 많을 때에는 패턴의 크기를 조절하기도 한다.

감: 패턴에서 공통된 콘셉트를 꼽는다면?
김: 한국의 집에 자연스럽게 어울리는 디자인을 추구한다. 패턴은 기하학적인 디자인, 자연물, 직물의 조직을 닮은 규칙성, 이렇게 크게 세 가지 콘셉트로 나뉜다.

색상은 주로 사용하는 색을 정리해두고 그 안에서 결정한다. 몇 년의 시차를 두고 구입한 제품들도 이질감 없이 서로 잘 어울렸으면 해서다. 국내의 주거 공간에서 사용하기에 너무 튀지 않도록 선명하지만 약간 톤을 낮춰 정돈한 색감으로 구성돼 있다.

감: 소비자가 원단과 디자인을 직접 고르도록 하기 보다는 제품으로 완성해 판매한다.
김: 리빙 퍼브릭 업체는 대개 소비자가 원단과 패턴을 고르면 주문제작하는 방식으로 운영된다. 다양한 선택권을 주는 것도 좋지만 대안이 너무 많으면 오히려 결정하기 어렵다. 우리는 용도에 가장 적합한 패턴과 원단을 큐레이션해 제안한다. 쿠션과 침구, 러그 등의 인테리어 제품은 전 제품의 50%가량 차지하는데, 그중 커튼을 제외한 나머지는 전부 미리 제작한다. 커튼은 패턴과 규격을 고르는 주문제작 방식으로, 만드는 데에는 일주일 정도 소요된다.

감: 가족의 구성원과 연령대에 따라 공간에 어울리는 패턴을 제안한다면?
김: 너무 화려한 패턴의 조합은 피하는 것이 좋다. 가구의 색상이 특이한 경우, 해당 색상이 부분적으로 들어가거나 같은 색 계열의 패브릭을 선택하면 잘 어우러지는 공간을 연출할 수 있다.

20~30대 1인 가구의 주거 공간에는 패턴이 있는 커튼이나 소품을 추천한다. 아이가 있는 가족이라면 아이 방에는 화려한 원색 패브릭을, 거실과 공용 공간에는 흰색, 베이지색 등 질리지 않는 색감을 쓰면 좋다. 40대를 넘어가면 자수 패턴을 비롯해 고급스러우면서 오랫동안 만족감을 주는 제품을 선호한다. 소재는 면보다는 모, 나일론 등이 섞인 도톰한 것을 찾는 편이다.

메종 키티버니포니
서울에서 만날 수 있는
다양한 제품들. 캔버스처럼
제작한 월 패널(아래)은
벽에 걸거나 기대어 예술
작품처럼 사용한다.

감: 제품의 용도에 따라서도 원단이나 패턴을 선정하는 기준이 조금씩 다를 것 같다.

김: 커튼은 차지하는 면적이 크고 사용 빈도가 높아 패턴이 강한 원단을 적용하기 어렵다. 전반적으로 무난한 패턴을 쓰되 면적에 따라 그 정도를 조절한다. 예를 들어 넓은 공간에는 패턴이 없는 단색 제품을, 좁은 공간에는 좀 더 화려한 패턴을 추천한다. 원단은 주로 면과 폴리에스터, 또는 둘을 혼합한 소재를 쓰고, 주름이 잘 잡히도록 가능한 한 얇은 것으로 고른다. 최근에는 미세먼지나 호흡기 질환으로 인해 실내 공기질 문제가 갈수록 중요해지면서 면보다 먼지가 적고 세탁해도 수축이 덜한 폴리에스터를 쓰는 편이다. 특히 면과 비슷하게 만든 소재를 많이 활용한다.

쿠션과 월 패널은 내구성을 갖추기 위해 10~20수 정도의 도톰한 원단을 사용한다. 쿠션은 소파와 색을 맞추는 것이 좋아 보편적으로 쓰이는 갈색, 검정색, 회색 계열의 소파에 어울리는 색상으로 제작한다.

침구는 매일 몸에 닿고 세탁도 자주 하기 때문에 원단의 실용성을 더 많이 고려한다. 특히 땀과 습기를 흡수하는 흡습성이 중요하다. 합성섬유는 거의 쓰지 않고, 대부분 면이다. 주로 단색을 제안하고, 베개에 패턴 원단으로 포인트를 준다.

감: 월 패널은 원단의 패턴만으로 공간의 분위기를 바꾼다.

김: 월 패널은 원단이 곧 예술 작품이 될 수 있다는 생각에서 출발한 제품으로, 목재 틀에 패브릭을 씌우고 합판을 덧대어 캔버스처럼 제작한다. 양 방향으로 끈이 매달려 있어 벽에 걸어 쓸 수 있다. 초반에는 틀만 제작해 압정으로 걸 수 있을 정도로 가벼웠지만, 온습도에 따라 목재가 뒤틀리는 문제가 생겨 합판을 덧대게 됐다. 그러다 보니 무게가 무거워지고 배송도 좀 더 까다로워졌다.

감: 패턴은 어떻게 제작하나?

김: 크게 프린팅, 원단을 지으면서 패턴까지 함께 짜 넣는 직조와 편직, 무늬를 수놓는 자수가 있다. 프린팅은 반복되는 패턴을 연속해서 인쇄한다. 패턴의 크기나 색상에 대한 제한이 거의 없어 표현이 자유롭고, 비교적 저렴한 가격에

자수 원단과 제품은 김진진 대표의 부친이 운영하는 자수 공장인 진진컴퍼니에서 직접 생산한다.

대량생산-이 가능하다. 염색 방법에 따라 디지털 프린팅과 원단에 잉크를 흡수시키는 본염, 실 자체를 염색하는 선염, 세 가지로 나뉜다.

디지털 프린팅은 잉크젯 프린트처럼 원단용 잉크로 패턴을 찍어내는 방법으로, 간편하고 소량 생산도 가능하다. 그러나 잉크가 원단에 깊게 스며들지 않아 선명도가 떨어지고 세탁하면 색이 쉽게 빠진다. **본염**은 실크스크린처럼 원단에 색색의 잉크를 칠한 판을 순서대로 찍어 흡수시킨다. 디지털 프린팅과 마찬가지로 무늬가 앞면에만 찍히지만 잉크가 깊이 스며들어 색이 더 오래 지속된다.

선염은 실 단계에서 염색하는 것으로, 이 실을 가지고 원단을 짜면서 무늬까지 함께 완성한다. 때문에 앞면에만 무늬가 찍히는 프린팅과 달리 패턴이 앞뒤로 드러난다. 실 자체를 염색하기 때문에 색의 변형이 적고 내구성이 뛰어나다. 단점은 제작 비용이 본염보다 서너 배 더 높다. 염색한 실을 전부 사용하기 위해서는 물량이 많아야 하고, 결과물의 모습을 예측하기도 어렵다. 색을 바꾸려면 실을 염색하는 단계부터 다시 시작해야 하므로 제작 과정에서 시행착오가 훨씬 많은 것도 단점이다. 그럼에도 오래 사용해야 해서 내구성이 중요하거나 아이들이 쓰는 제품은 선염으로 제작한다.

자수는 여러 색상의 실을 제한없이 자유롭게 쓸 수 있어 표현이 다채롭고 소량 생산에도 유리하다. 단점은 패턴의 크기가 제한적이다. 크기가 커지면 시간이 오래 걸리고, 실이 많이 들어 비용이 급격히 올라간다.

감: 자수 공장이 모태가 된 만큼 자수 제품에 강세를 보인다.
김: 자수 원단과 제품은 아버지께서 운영하시는 자수 공장인 진진컴퍼니에서 직접 생산한다. 디자인을 계획하면 바로 샘플을 만들어볼 수 있고 피드백도 빠르다. 전 제품에서 자수 제품이 차지하는 비중은 20% 정도이지만, 디자인 구상 단계에서는 전체의 절반 정도로, 자수 제품의 비중을 높이기 위해 노력한다.

감: 국내 주거 공간과 리빙 시장을 꾸준히 봐왔을 텐데, 그간 어떤 변화가 있었나?

김: 몇 년 전만 해도 20대 젊은이들이 직접 용돈을 모아 이불을 사는 경우가 드물었다. 그러나 지금은 좋아하는 디자인의 침구를 직접 구입해 쓴다. 이제 개인의 취향이 의류나 가방을 벗어나 공간과 사용하는 모든 물건에 영향을 미친다. 이러한 흐름에 맞춰 작년부터 러그처럼 집 안에서 넓은 면적을 차지하는 인테리어 제품이나 의류 제품을 새롭게 선보이며 품목을 다양화하고 있다.

감: 최근 작업한 전시 〈미시감각: 문양의 집〉에서는 공간에 패브릭을 선보였다.

김: 아모레퍼시픽의 브랜드인 설화수에서 매년 진행하는 행사로, 이번 전시는 문양의 집을 주제로 기획됐다. 회화 작가 강주리가 〈조선, 병풍의 나라〉(2018)에서 전시한 병풍의 화폭을 재해석해 그린 드로잉 작품을 공간에 풀어내는 전시였다. 패션 디자이너, 공간 기획자 등 여덟 명의 디자이너가 참여했고 나는 패브릭 디자이너로 침실을 작업했다.

침실은 어둠 속의 검은 방을 콘셉트로, 병풍 열 폭에 대한 해석 중에서 달밤에 새들이 날아와 쉬어 가는 풍경을 담았다. 작가의 드로잉을 나뭇가지에 새들이 앉아있는 패턴으로 재구성하고 얇지만 힘 있고 염색이 잘 되는 노방 원단에 프린팅해 공간에 배치했다. 그간 제품을 다뤄왔기에 대량생산을 염두에 둔 작업에 익숙했는데, 이번에는 공간 하나에만 집중할 수 있어서 새로웠다.

감: 최근 패브릭을 사용하는 트렌드는?

김: 북유럽 디자인이 강세였던 시기가 지나고, 소재의 고유한 색과 질감이 자연스럽게 드러나는 LA 스타일이 두드러진다. 지구와 대륙을 닮은 색상, 얼시 컬러earthy color가 인기를 끌면서 흙색, 나무색 등의 중성적 색감이 많이 등장한다.

그러나 주거 공간은 이러한 트렌드보다 개인의 취향이 훨씬 강하게 반영되는 곳이다. 옷이나 가방은 유행하는 제품을 구입하지만 커튼이나 침구는 남이 쓴다고 해서 따라 사지 않는다. 같은 침구를 고르더라도 각자 기준이 다르다. 누군가는 몸이 눌리는 무거운 이불이 편안하고, 누군가는 숙면을 위해 가벼운 제품을 선호한다. 우리는 트렌드를 좇아 디자인을 바꾸기보다는 본래의 콘셉트인 다채로운 색감과 패턴에 집중한다. 우리 제품을 꾸준히 찾는 사람들은 그런 취향을 가진 사람들이다.

전시 〈미시감각: 문양의 집〉에서 김진진 대표가 어둠 속의 검은 방을 콘셉트로 선보인 침실 공간(왼쪽)과 전시장의 모습(오른쪽).

패브릭은 물성이 약하다는 한계에도 불구하고 한국의 주거 공간에 가장 잘 어울리는 소재다.

감: 건축자재로서 패브릭의 장점과 한계는 무엇이라고 생각하나?

김: 패브릭은 물성이 안정적이지 않아 변형이 많다. 햇빛에 오래 닿으면 색이 변하고 사람이 당기는 힘에도 쉽게 찢어지는 탓에 소품이 아닌 건축자재로 사용하기가 쉽지 않다. 그러나 이러한 한계에도 불구하고 패브릭은 한국의 주거 공간에 가장 잘 어울리는 소재다. 한국에서는 아직 페인트보다는 벽지를 많이 쓰고 여전히 온돌 바닥과 좌식 생활에 익숙하다. 패브릭의 따뜻한 질감과 분위기는 벽지와 닮아 집 속에 자연스럽게 어우러진다. 세탁이 쉬워 관리가 비교적 간단한 것도 장점이다.

감: 키티버니포니의 패브릭이 공간에서 어떤 역할을 하기를 바라나?

김: 우리의 브랜드 슬로건은 'life in patterns'로, '내 삶에 녹아 있는 패턴, 패턴 속의 삶'을 의미한다 매일 사용하는 많은 물건이 패턴으로 이루어져 있다. 패턴이 공간의 포인트도 되지만 일상에서 기분을 전환하고 삶을 기쁘게 하는 요소가 되었으면 한다.

김진진(키티버니포니 대표)
김진진은 패브릭 브랜드 키티버니포니(KBP®)의 대표이자 디자이너다 홍익대학교 광고디자인 및 시각디자인 대학원을 졸업했고 2008년 브랜드를 론칭했다. 부친이 1994년부터 운영하고 있는 제조사 진진컴퍼니(JINJIN.Co)에서 제품을 생산하고 있으며 섬세한 자수 기술을 접목한 자수 디자인 제품이 대표적이다. 아모레퍼시픽, 아리따움, 이니스프리, 일리윤을 비롯해 삼성, 현대모터스, 동서식품 등 다수의 국내외 브랜드와 디자이너, 예술가들과 활발하게 협업한다.

Interview 2

한국적
텍스타일로 채운
일상의 공간

모노콜렉션 장응복 대표는 지난 35년 동안 민화, 도자기 등 한국의 옛것에서 영감을 얻어 텍스타일을 디자인해왔다. 그리고 이를 사물과 공간으로 확장해 누구나 쉽게 패턴을 즐기도록 일상화하는 작업을 한다. 지금도 부지런히 새로운 것을 시도하며 패턴의 세계를 넓혀가는 그를 모노콜렉션 쇼룸에서 만났다.

인터뷰 **정경화** 인터뷰이 **모노콜렉션 장응복 대표** 사진 제공 **모노콜렉션**(별도 표기 외)

감씨(감): 한국 고유의 아름다움을 현대의 감각으로 재해석하고, 이를 패브릭으로 표현한다. 이러한 디자인 언어를 추구하게 된 계기는?
장응복(장): 태어나고 자랐던 성북동, 정릉의 동네와 한옥에서 쌓인 정서가 바탕이 되어 꾸준히 한국적 정서를 다뤄왔다. 2000년대 초반, 해외 전시를 위해 그동안의 작업을 정리하면서 나만의 정체성을 찾아야 겠다고 생각했고, 이후 한국의 아름다움을 더 깊이 다루게 됐다.
　초반에는 골동품이나 고가구, 박물관의 여러 작품에서 모티브를 얻었다. 요즘에는 전통작품 외에도 한국의 건축과 자연을 비롯해 주변의 모든 것을 디자인 요소로 보고 작업한다.

감: 모노콜렉션의 대표 패턴을 소개해 달라.
장: 1990년대 초부터 10년 동안 민화, 규방의 생활 용품, 궁중 공예에서 영감을 얻어 작업한 패턴들이다. 그중에서도 민화에서 모티브를 얻어 완성한 '석류'와 '꽃신'이 가장 대중적이다. 꽃신은 2002년 윤석남 작가의 설치 작품인 〈심장〉을 바탕으로 디자인했다. 부채, 복주머니처럼 좋은 날 여인이 사용한다는 의미를 살려 부드러운 실크 위에 수작업으로 스크린 프린팅 했다.
　한국에서 민화는 다산, 건강 등을 기원하는 길상의 의미로 쓰였다. 내가 작업하는 무늬도 마찬가지다. 사람들이 모노콜렉션의 패브릭을 사용하는 것은 기능적인 목적도 있지만 그보다 무늬가 전하는 기운을 즐기는 것이라 생각한다. 가구, 벽지 등 여러 인테리어 요소에 적용하는 것도 그 장소에서 시간을 보내는 사람에게 좋은 에너지를 주기 위함이다.

감: 주로 어떤 종류의 원단을 사용하나?
장: 대부분은 천연섬유다. 방염, 방수 등의 성능이 요구되는 건축자재로 쓰는 경우에만 제한적으로 화학섬유를 쓴다.
　예전에는 아름답고 고급스러운 견을 많이 사용했다. 하지만 견은 고가이고 용도가 제한적이라 인테리어 자재로 쓰기에는 내구성이 부족하다. 요즘에는 좀 더 실용적이고 재활용이 가능한 소재로 바꾸고 있고, 그중에서도 마를 즐겨 쓴다. 거친 질감과 풋풋한 느낌이 우리 디자인과 잘 어울리고 빛과의 교감이 좋다. 그러나 먼지가 잘 붙는 특성으로 인해 알레르기를 일으키는 경우가 많아 앞으로는 면 소재를 더 개발해보려 한다.

감: 패턴을 제작하는 것에 그치지 않고 사물과 공간에 적극적으로 적용한다는 점이 인상적이다.
장: 패턴을 공간에 적용하고, 지장 같은 가구와 사물을 만들어 제품화하는 방법을 연구하는 이유는 패브릭을 좀 더 산업의 영역으로 끌어올려 더 많은 사람들이 접할 수 있도록 하기 위해서다.
　국내 건축가들은 유지관리가 어렵고 약하다는 이유로 패브릭을 배제한다. 수요가 적은

▷ 모노콜렉션을 대표하는 '석류' 무늬의 실크벽지로 마감한 뉴욕 한식당 '비원'의 화장실. 무늬를 인쇄한 실크 원단을 방염처리하고 종이를 배접하여 제작했다.
▷▷ 2011~2013년, CJ홈쇼핑과 협업한 프로젝트. 조각잇기 방식으로 손수 작업한 결과물을 하나의 패턴으로 재가공했다.

탓에 다른 건축자재에 비해 대량생산 시장이 체계적으로 구축되지 못했고, 장식 요소로 쓰이다 보니 고가의 수입품을 선호하는 분위기가 굳어졌다. 이러한 악순환을 막기 위해서는 대중이 쉽게 즐길 수 있도록 만들어야 한다.

감: 사물과 공간을 작업하면서 더 고민하거나 신경 쓰는 부분이 있다면?
장: 사물을 디자인할 때에는 실용성과 유지보수를 가장 중요하게 고려한다. 직접 제품 프로모션이나 기획 전시를 준비하면서 누구나 쉽게 쓸 수 있는 방법과 디테일을 고민한다. 예를 들어 견처럼 예민한 소재는 세탁이나 관리가 쉽도록 탈부착이 가능한 형태로 제작한다. 별것 아닌 듯 보이지만 편리한 사용을 고려해 제품화하는 많은 경험을 통해 점차 발전시킨 것이다.

감: 패브릭은 스스로 설 수 없기에 공간에서 다루기가 특히 까다롭다. 이러한 단점을 극복하는 노하우는?
장: 패브릭은 유리, 철재와 달리 물에 젖고 쉽게 찢어진다. 그러나 다른 소재에는 없는 유연함이 있다. 이를테면 거치대가 필요하다는 단점은 역으로 걸칠 곳만 있으면 언제 어디로든 옮겨 쓸 수 있다는 장점이 된다. 예전에는 장례, 혼례 등 집안의 다른 행사들을 모두 집 마당에서 치렀다. 행사가 있을 때마다 다른 병풍을 펼쳐 마당의 분위기를 바꿨다. 마찬가지로 벽지를 붙이는 대신 천을 걸치거나 병풍을 놓으면, 패브릭을 바꿔 거는 것만으로 분위기를 전환할 수 있다. 볕가리개iki-shade는 남은 원단을 조합해 새로운 패턴을 만드는 조각잇기 방식으로 제작하고, 규격에 관계없이 대나무 같은 거치대 또는 기존의 커튼이나 블라인드 위에 걸쳐서 사용한다. 공간에 맞춤 제작하지 않아도 돼 원단의 낭비를 줄이고, 저렴한 비용으로 분위기를 즐길 수 있다.

그리고 공간에 적용하는 데 있어 스케일을 조정하는 것이 어렵다 보니 큰 것 하나가 아니라 작은 것을 여러 개 모아 규모를 조절하는 모듈러 방식을 즐겨 쓴다. 옛날에는 궁에서 잔치를 열면 한 사람 앞에 조그만 원형 소반을 세 개씩 두고 연회를 즐겼다. 원형은 넓은 공간에서 확장이 자유롭고 공유하기 쉬운 형태다. 이 모습에서 착안해 '부채 테이블'과 '모듈 쿠션'을 둥근 모양으로 계획하고, 여러 개를 이어 쓸 수 있도록 제작했다. 공간과 용도에 맞게 여러 모습으로 바꿔가며 이용이 가능하다.

△△ 한지벽지와 금강산, 달 무늬가 담긴 커튼으로 작업한 공간.
△ 여러 개를 조합해 쓸 수 있는 쿠션으로 꾸민 차실(왼쪽)과 부채 테이블을 배치한 전시 〈장응복의 부티크 호텔, 도원동〉의 다이닝룸(오른쪽).

▽ 2019년 운경고택에서 열린 전시 〈차경〉에서 선보인 지장.
▽▽ 디지털 프린팅 방식으로 제작하는 한지 벽지의 다양한 무늬들.

감: 2013년 서울시립남서울미술관에서 열린 〈장응복의 부티크 호텔, 도원몽〉에서는 패브릭을 이용해 11개의 방을 제각기 다른 용도와 분위기로 탈바꿈했다.

장: 그동안 작업해온 텍스타일을 호텔이라는 공간에 적용함과 동시에 섣불리 서양의 것을 흉내내기보다는 우리의 관념과 정서에 맞는 것을 찾아가자는 메시지를 전하고자 했다. 그리고 그 방법 중 하나로 용도의 유연함을 제안했다. 우리나라는 땅과 집 모두 좁은데 실은 한 가지 용도로만 이용한다. 예를 들어 침실에 침대 대신 이불을 깔면 공간을 가변적으로 활용할 수 있다. 이러한 의도로 컨퍼런스 룸을 아이들이 노는 놀이터, 객실, 차를 마시는 장소 등 여러 모습으로 표현했다. 패브릭을 이용해 공간이 다채롭게 변할 수 있음을 보여준다.

감: 최근 새롭게 작업 중인 프로젝트를 소개해 달라.

장: 텍스타일 패턴을 여러 건축자재에 적용해보고 있다. 디지털 벽지는 소량이지만 주문 생산도 한다. 전주의 한지 제조 회사인 천양제지에서 한지를 세 겹 겹쳐 제작한 삼합지에 패턴을 인쇄해 만든다. 규격은 최대 3m이지만, 필요하다면 6~10m까지도 제작이 가능하다. 이외에 타일 업체인 키엔호 (감05 타일편 p.96 참고) 와 협업해 패턴을 입힌 엔커스틱 타일을 제작하거나, 목판에 패턴을 새기는 등 여러 방법으로 응용을 시도한다. 5년 전부터는 천연 염색과 옻칠을 배우고 있다. 천연 소재와 전통 가공 기술을 접목해 우리 생활 속에 숨어 있던 자연 친화적인 부분을 현대 생활에 적용하는 지점을 찾아가는 중이다.

전시 〈장응복의 부티크 호텔, 도원몽〉의 리셉션 공간. 왼쪽 벽면은 모노콜렉션의 여러 무늬를 조각잇기한 다음, 패턴이 인쇄된 유리 프레임을 겹쳐 패턴의 조합을 보여줬다. 오른쪽 벽면의 커튼은 100~200년 전 한국을 방문한 외국인이 한국에 대해 쓴 책자 표지에서 영감을 얻어 만든 패턴으로 제작했다.

장응복(모노콜렉션 대표)

한국의 아름다움을 자신만의 디자인으로 재구성하고 현대적 감각으로 재해석하여 표현하는 디자이너. 텍스타일 디자인을 기반으로 국내외 호텔 프로젝트와 가구 및 소프트 인테리어 전반을 아우른다. 지난 35년간 모노콜렉션을 경영하면서 디자이너, 예술가와 협업하고 국내외 전시를 통해 꾸준히 작가 활동을 해왔다. 패턴의 상징적 의미를 여러 분야에 적용하여 아이덴티티를 부여하는 프로젝트도 활발하게 진행한다. 최근에는 패턴집 『무늬/MOONI』를 출판했고, 코펜하겐의 칼 한센 앤 손(Carl Hansen & Son) 플래그십 스토어에서 전시와 팝업 스토어를 선보였다.

4 SUPPLEMENT

패브릭을 경험하는 공간

패브릭은 디자인이 다양한 데다 작은 크기의 샘플로는 전체적 분위기를 가늠하기가 어려워 직접 매장을 방문해 자재를 비교해본 뒤 구매하는 것이 좋다. 다양한 제품을 둘러보고 브랜드에 어울리는 분위기로 꾸민 공간까지 함께 경험할 수 있는 쇼룸을 소개한다.

주거 공간의 패브릭을 한곳에서　　　　　　　　　　　　　　　　　　글 정경화

메종 키티버니포니 서울

메종 키티버니포니 서울은 키티버니포니의 본사 겸 쇼룸으로 2015년 문을 열었다. 오래된 단독주택을 리모델링해 패브릭을 경험하는 공간으로 탈바꿈했다. 현재 현대백화점 판교점과 대구점까지 세 곳의 직영 매장을 두고 있지만 브랜드의 전 제품을 경험할 수 있는 공간은 이곳이 유일하다. 또 디자인 스튜디오를 함께 운영하고 있어 신제품을 가장 빠르게 만나볼 수 있다.

"리빙 패브릭을 다루는 브랜드인 만큼
쇼룸에 왔을 때 마치 누군가의 집에 온 듯한 느낌을 주고 싶었다.
공사 과정에서 발견된 기존 건물의 흔적을 적절히 남기고,
시간이 지날수록 깊이가 더해지는 목재와 석재를 주재료로 사용해
새로운 공간이지만 오래된 집 같은 분위기를 냈다."

1층은 파우치, 가방 같은 소품류를 전시하는 곳으로, 한 켠에는 다른 브랜드와 협업한 작품을 선보이는 공간이 함께 마련돼 있다. 2층에는 누군가가 사는 집의 일부인 듯 침구류와 쿠션, 월 패널 등 리빙 제품이 아늑하게 전시되어 있다. 신제품과 꾸준히 인기 있는 아이템을 중심으로 선보이고, 이와 어울리는 패턴과 색상의 제품을 함께 배치했다. 김진진 대표는 "리빙 제품은 유행에 민감하게 변하거나 신제품이 자주 출시되지 않기 때문에 제품만으로 변화를 주기 어렵다"며, "계절과 공간에 어우러지는 질감과 색상으로 변화를 시도한다"고 설명했다.

그는 이곳만의 차별점으로 매장을 시작한 때부터 지금까지 함께해온 직원들을 꼽는다. 패브릭은 오염이 잘되고 세탁에 민감한 데다가 커튼 같은 리빙 제품은 일반인이 공간에 맞는 규격이나 원단을 결정하기가 어렵다. 이곳에서는 모든 직원이 키티버니포니 제품의 전문가로, 공간 디자인 가이드부터 세탁과 유지관리 방법까지 꼼꼼하게 안내하고 세탁 이후 발생할 수 있는 문제에도 적극적으로 대응한다.

주소	서울특별시 마포구 월드컵로5길 33-16
운영시간	화요일~일요일 오전 11시~오후 7시
전화번호	02-322-0290
홈페이지	www.kittybunnypony.com
SNS	ⓘ kittybunnypony

디자이너 장응복의 무늬 아카이브　　　　글 정경화

모노콜렉션

2020년 1월, 모노콜렉션 쇼룸이 10여 년의 서촌 생활을 정리하고 파주에 새 둥지를 틀었다. 이곳의 또 다른 이름은 '무늬집Pattern House@Mono Collection'으로, 장응복 대표가 35년 동안 작업한 무늬와 작품을 가다듬고 정리하는 아카이빙 하우스다. 그는 "더 많은 작품을 전시하고 워크숍, 강의 등 다양한 프로그램을 진행하기 위해 이전을 결심했다"며, "그동안 디자인한 패턴이 담긴 원단을 비롯해 무늬의 상징적인 의미를 응용해 제작한 벽지, 커튼과 침구류, 가구와 인테리어 소품까지 한자리에 모아 선보인다"고 소개했다.

120m² 면적의 공간 어디에서나 자유롭게 무늬 자료를 열람할 수 있고, 중앙의 널찍한 테이블에서는 시즌마다 주제를 정해 선별한 텍스타일을 전시한다. 텍스타일은 손바닥 만한 크기의 스와치 샘플을 제공하고 원단과 자재는 경우에 따라 대여도 가능하다. 타일, 목재 등 다른 건축자재와의 접목을 비롯해 다양한 협업 프로젝트에 대한 가능성도 열려 있다.

커튼과 벽지, 침구류는 주문 제작 제품으로, 상담과 현장 실측을 거쳐 고객의 취향과 요구에 맞는 디자인을 제안한다. 경우에 따라 공간 시뮬레이션을 통해 디자인을 좀 더 세심하게 결정하기도 한다. 최종 디자인이 확정되면 제작하고 시공한다. 모든 과정은 짧게는 2~4주, 해외에서 주문하는 경우, 길게는 8주 정도 걸린다.

주소	경기도 파주시 회동길 503 1층
운영시간	평일 오전 9시~오후 6시
전화번호	02-517-5170
홈페이지	www.monocollection.com
SNS	ⓘmonocollection

"예전 서촌 쇼룸을 운영하던 당시, 텍스타일 분야 종사자를 비롯해 예술인, 외국인까지 직업과 국적을 막론하고 무늬와 텍스타일에 흥미를 느끼는 여러 사람들이 쇼룸을 찾곤 했다. 이곳 또한 자유롭게 텍스타일을 즐기고 영감을 얻어가는 공간으로 자리 잡았으면 한다."

디자이너에게 영감을 주는 공간 글 정신오

유앤어스 공간 디자인연구소

"우리는 디자이너와 재료, 공간을 이어주는 매개자로서
좋은 영향력을 끼칠 수 있도록 여러 가지를 시도한다.
그런 의미에서 쇼룸은 정보의 열람장이자 소통이 이루어지는 중요한 공간이다.
앞으로도 새로운 콘텐츠와 프로그램을 선보일 예정이다."

유앤어스 공간 디자인연구소는 2019년 10월, 유앤어스가 20주년을 맞이하여 새로이 개관한 사옥으로, 건축가와 인테리어 디자이너를 비롯해 패션 종사자, 공예가, 미술작가, 대기업 상품개발팀 등 다양한 분야의 사람들이 찾는다. 이들은 제품을 보는 것 외에 서로의 프로젝트, 공간에 대한 의견을 함께 공유한다. 유앤어스 백명주 대표는 "마감재를 볼 수 있는 공간, 그 이상의 의미를 담고자 했다"고 말한다.

유앤어스 사옥은 가장 먼저 손님을 맞는 앤가든N-garden, 제품이 진열된 머터리얼 라이브러리 그리고 행사가 열리는 갤러리로 구성된다. 복층으로 이루어진 머터리얼 라이브러리에서는 유앤어스가 소개하는 패브르 브랜드 제품을 볼 수 있다. 일부 브랜드의 경우 담당 매니저가 공간에 적합한 패브릭을 추천하는 '공간 코디네이션'을 진행하기도 한다. 이는 프로젝트의 디자인 콘셉트, 분위기에 적합한 패브릭을 상담하고 시공 방식과 시스템까지 디자이너와 함께 고민하는 작업으로, 패브릭이 낯선 이들에게 안성맞춤이다.

갤러리에서는 강연, 세미나, 전시 등 다양한 프로그램이 진행된다. 유앤어스 디자인연구소, 아이랩 연구원은 "우리는 여러 페어를 다니면서 세계의 트렌드를 파악한 후에 커스터마이징과 크래프트 감성이 돋보이는 콘텐츠를 중심으로 전시를 기획한다"고 말한다. 그 밖에도 소비자를 대상으로 하는 공간 큐레이션 클래스, 플리마켓 등 대중이 쉽게 즐길 수 있는 행사가 마련되어 있다.

주소	서울특별시 강남구 논현로 140길 21
운영시간	평일 오전 9시~오후 6시
전화번호	02-547-8009
SNS	ⓘ youandus_official

화려한 패턴의 패브릭 아카이브　　　글 정경화

다브

해외의 다양한 패브릭과 벽지 제품을 소개하는 다브. 논현동 한적한 골목에 위치한 쇼룸에 들어서면 단정한 벽돌 외관과는 사뭇 다른 모습의 다채로운 패브릭이 공간을 한 가득 채우고 있다. 조은정 이사는 "단순히 원단을 수입해서 파는 것이 아니라 우리의 경험을 바탕으로 제품을 해석하고 전시해 고객이 자신만의 스타일을 찾을 수 있도록 돕는다"고 말한다. 그의 말대로 다브는 다양한 색감과 질감의 패브릭을 믹스매치해 독특하면서도 인상적인 분위기를 구현한다. 인테리어에 적용되는 색상이 대부분 무채색과 아이보리 계열로 한정적인 데 반해, 이곳의 제품은 색상과 질감, 디자인 스펙트럼이 넓다.

"다브^{DAV}는 디자인 아 비브르$^{Design\,A\,Vivre}$의 약자로, 시간을 초월한 디자인이라는 뜻이다. 우리는 트렌드를 좇기보다는 지속적으로 자기만의 디자인을 펼치는 브랜드를 찾고 고객에게 그 가치를 소개하고자 한다."

제품은 벽지가 50%, 패브릭이 40%, 쿠션, 침구류, 몰딩 등의 액세서리가 약 10%의 비중을 차지한다. 3개층으로 이루어진 쇼룸은 지하 1층과 1층에는 패브릭을, 2층에는 벽지를 전시한다. 1층에는 다브의 대표 브랜드로 꼽히는 피에르 프레이$^{PIERRE\,FREY}$를 비롯해 르레브르^{LELIEVRE}, 엘리티스^{ELITIS} 등 패턴이 인상적인 패브릭을, 지하층은 속지와 함께 좀 더 대중적이고 저렴한 가격대의 패브릭을 모았다.

패브릭 제품은 브랜드와 색상, 무늬에 따라 분류한다. 벨벳, 울처럼 고객들이 즐겨 찾는 원단은 소재별로, 햇빛에 변색이 덜하거나 방오성, 방염성 등 기능이 뛰어난 제품은 아웃도어용으로 따로 모아 전시했다. 샘플북의 맨 마지막 장에는 가격, 소재, 규격 정보를 정리한 단가표를 붙여두어 쉽고 빠르게 제품을 비교해볼 수 있다.

다브의 패브릭은 주로 커튼과 쿠션, 침구류, 가구, 아트월에 적용된다. 제품은 1m 이상 주문하면 해외에서 개별 수입하고 기간은 7~10일 정도 소요된다. 커튼은 주문하고 15일 후에 시공 서비스를 받을 수 있다.

다브의 패브릭 브랜드

피에르 프레이
방대한 아카이브를 보유하고 있고, 텍스타일 디자이너, 아티스트와의 협업을 통해 인상적인 패턴을 선보인다. 자수를 더한 패브릭과 스톤워싱 처리된 리넨, 모헤어 벨벳 등 다양한 소재와 가공 방식을 아우른다. 5년 전부터는 벽지를, 2~3년 전부터는 가구까지 함께 제안하고 있다.

델라쿠오나 DE LE CUONA
부드러움과 폭신함이 특징인 영국의 패브릭 브랜드. 천연소재 본연의 아름다움을 추구하고 이를 두텁게 표현하는 것이 특징이다. 특유의 두께감은 중후하고 고급스러운 분위기를 연출해 넓고 층고가 높은 공간이나 무게감이 있는 곳에 어울린다.

울레스 HOULES
1928년 실내 장식품과 쿠션 테두리를 장식하는 트리밍 제품으로 시작한 패브릭 브랜드. 하드웨어부터 창호, 가구까지 실내 장식재를 폭넓게 다룬다. 국내시장은 패브릭의 품질이 나날이 높아지는 데 반해, 커튼핀, 레일 등의 부자재는 수십 년 전의 제품을 그대로 쓴다. 수요가 없고 잘 팔리지 않아 기존 부자재도 차츰 사라지는 추세다. 울레스는 이러한 상황에 대응해 올해부터 다브에서 소개하는 브랜드다. 커튼박스 없이 커튼을 거는 하드웨어, 여닫는 소리가 나지 않는 레일 롤러, 트리밍 등 다양한 부자재를 선보인다.

주소	서울특별시 강남구 학동로37길 17
운영시간	평일 오전 10시~오후 7시, 토요일 오전 10시~오후 5시(첫째주, 셋째주 토요일 휴무)
전화번호	02-542-7770
홈페이지	www.dav.kr
SNS	@dav_korea_fabric

지금 주목해야 할 패브릭 소재

감 매거진과 머티리얼 커넥션이 함께 주목하고 있는 패브릭 자재를 소개한다. 소개된 자재에 대한 더 자세한 내용은 머티리얼 커넥션 온라인 홈페이지 (www.materialconnexion.com)에서 확인할 수 있다. **글 정경화 자료 제공 머티리얼 커넥션**(별도 표기 외)

빛으로 만든 부드러운 직물

DreamLux
MC 8370-01

이탈리아의 패브릭 브랜드 드림럭스에서 개발한 빛나는 직물. 일반 원사와 광섬유를 섞어 패브릭에 빛을 담았다. 실크, 캐시미어, 모, 마 등의 원사와 굵기와 단면이 다양한 광섬유를 조합해 직조한 다음 LED를 연결하면, 광섬유에 빛이 퍼지면서 반짝인다. 햇빛이 강하거나 조도가 너무 높지 않다면 낮에도 빛나는 모습을 볼 수 있다.

인테리어에서는 업홀스터리, 커튼으로 사용하는 경우가 많고, 그 밖에도 의류, 액세서리, 신발, 자동차와 가전 등 다양한 분야에서 쓰인다.

제품은 디자인과 규격에 맞춰 원사의 종류를 고르고 제작한다. 규격은 평균 폭이 150~330cm, 무게는 단위면적(1m^2)당 120~240g이다. 디지털 프린팅, 자카드 직조 방식을 접목해 보다 풍부한 디자인을 구현하고, 최근에는 원단에 광섬유로 자수를 놓는 기술을 개발해 적용 분야를 더욱 넓히고 있다.

강한 물성과 부드러운 질감의 만남

Velvet Infused
MC 6966-02

직물과 철근콘크리트 패널을 결합해 만든 인퓨즈드 콘크리트 시리즈 중 하나로, 영국의 건축가 루스 모로Ruth Morrow와 텍스타일 디자이너 트리시 벨포드Trish Belford가 개발했다. 단순히 직물을 콘크리트 표면에 찍어내거나 무늬를 인쇄해 모사하는 것이 아니라 두 소재를 영구적으로 결합해 기존의 텍스타일에서 벗어난 새로운 촉감을 구현했다. 단단함과 부드러움이라는 두 자재의 상반된 성격이 합쳐져 표면이 부드러우면서 물성이 강하고 디자인도 한층 다채롭다. 덕분에 호텔이나 상업 공간에서 실내 벽면의 포인트 요소로 쓰고, 다른 제품이나 프리캐스트 콘크리트에 적용하기도 한다.

원사는 콘크리트에 닿았을 때 하자가 생기지 않도록 내알칼리성이 높은 섬유를 사용하고, 원하는 디자인에 맞춰 원단을 염색하거나 스티칭을 더할 수 있다. 패브릭과 콘크리트를 조합하는 패턴 디자인은 열한 가지 종류가 있고, 맞춤제작도 가능하다. 콘크리트 패널은 보강재로 유리섬유와 폴리머를 첨가해 인장강도와 음향 성능을 높였다.

기본 규격은 450×450, 300×300, 300×150, 150×150, 750×2,400mm로, 최대 1,300×2,400mm까지 제작 가능하다. 두께는 약 10mm, 단위면적 1m²당 무게는 25kg이다.

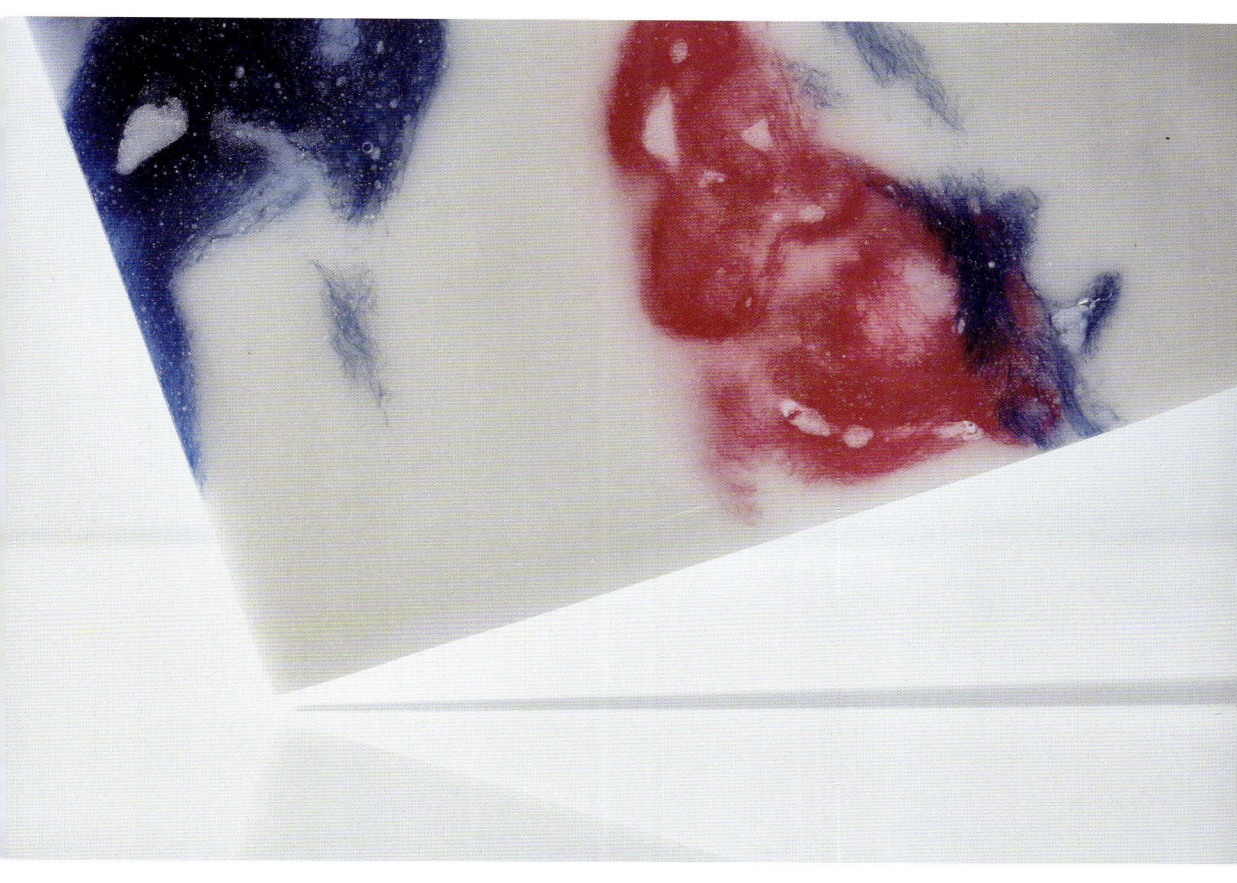

패브릭으로 만든 친환경 대리석

MARWOOLUS
MC 10180-01

이탈리아의 산업 디자이너 마르코 과치니Marco Guazzini가 개발한 복합 슬래브. 모섬유가 무작위로 흩어진 모습이 대리석 특유의 결인 베인을 닮았다.

    이탈리아의 대표 섬유산업 도시인 프라토Prato에서 나온 모섬유 폐기물과 피에트라산타Pietrasanta 해안지방에서 나는 대리석 조각 폐기물을 바인더와 섞어 모직물의 촉감과 대리석의 외관을 동시에 구현한다. 내수성, 내오염성, 내화학성, 내마모성이 뛰어나고 자재 생산과정에서 발생하는 폐기물을 원료로 사용한다는 점에서 친환경적인 면모가 돋보인다.

    모섬유는 아홉 가지 색상이 있고, 원하는 색상으로 맞춤제작도 가능하다. 규격은 최대 1×2m다. 실내 벽과 바닥 마감재, 상판, 가구, 조명과 조각품의 재료로 쓰인다.

뛰어난 물성을 더 완벽하게 활용하는 기술

Wood-Skin Fenix NTM
MC 7155-02

나일론 섬유 코어 양쪽에 물성이 우수한 페닉스NTM을 접합해 패널을 만들고 디지털 패브리케이션 기술인 우드-스킨을 결합한 제품.

페닉스NTM은 종이 70%, 수지 30%로 구성된 고밀도 목재 패널로 내구성이 뛰어나고 기공이 없어 매끈하다. 지문이 묻지 않고 미세한 스크래치는 수지가 스스로 제거할 수 있다. 우드-스킨 기술은 물성이 뛰어난 자재의 활용도를 더욱 높인다. 이 기술은 패턴을 따라 CNC 라우팅 기계로 페닉스NTM을 파내어 나일론 코어만 남긴다. 섬유층만 남은 홈은 유연해서 종이접기 하듯이 접거나 구부릴 수 있고, 패널을 원하는 3차원 형태로 만들도록 돕는다. 패턴 디자인이 원하는 형태를 프로그래밍 하는 계획안이 되는 셈이다.

규격은 일반적으로 1.2×3m이고 색상은 열다섯 가지다. 천장과 벽 패널, 파티션, 상판 등 실내 공간에 적용한다.

디자이너를 위한 글로벌 소재 도서관

머티리얼 커넥션

최근 건축을 비롯한 여러 분야에서 소재를 주제로 다루는 온·오프라인 공간이 늘고 있다. 머티리얼 커넥션은 일찍이 그 가치에 주목해 1997년 설립된 디자인 소재 기업으로, 건축, 디자인, 패션 등 여러 산업을 아우르며 선별한 소재를 소개한다. 이곳 홈페이지에서는 온라인 라이브러리를 운영하며, 1만 가지가 넘는 소재에 대해 각각의 특성과 적용 사례, 업체 정보를 제공한다. 소재는 폴리머, 금속, 천연소재 등 여덟 가지의 물성에 따라 분류되어 있어 원하는 정보를 빠르게 찾고 따로 저장해 모아 볼 수 있다. 이렇게 소개된 정보는 사용자가 물성에 대한 이해를 높이고 원하는 재료를 적재적소에 적용할 수 있도록 돕는다.

현재 뉴욕 본사를 중심으로 전 세계 7개국에서 활동하고 있고, 한국 지사는 대구경북디자인센터에서 담당한다. 센터에는 소재 전시 공간이 함께 마련돼 있어 선별된 소재를 한자리에서 직접 눈으로 보고 경험할 수 있다. 온·오프라인 공간은 멤버십으로 운영되고 있으며 회원가입을 통해 이용 가능하다.

대구경북디자인센터(머티리얼 커넥션 한국 지사)

이메일	infokorea@materialconnexion.com
전화번호	053-740-0064
홈페이지	www.materialconnexion.com

참고자료

단행본
- 장응복. 『무늬/MOONI』. 그루비주얼, 2017.
- 유혜자. 『미리보는 섬유의 세계』. 형설출판사, 2001.
- 김병철. 『섬유기초기술』. 한림원, 2012.
- 안동진. 『섬유지식(Textile Science)』. 한올, 2015.
- 명은정, 정아영. 『Coordination & Product』. 민컴, 2016.
- 송화순 외 2명 지음. 『텍스타일』. 교문사, 2017.
- 조진아 외 2명 지음. 『토털 코디네이션』. 훈민사, 2002.

논문
- 양정미연, 유진형. 「공간 디자인에서의 패브릭의 노마디즘적 특성에 관한 연구」. 『한국공간디자인학회 논문집』, 2008, 3(3), pp.49-56.
- 주정미. 「오브제로서의 패브릭(Fabric)의 표현양식연구」. 원주대학교 대학원 미술학석사학위 논문, 2017. 6.
- 박수진. 「유리섬유(glasswool)의 금속코팅을 통한 전천후 흡음재 개발에 관한 연구」. 홍익대학교 대학원 석사학위 논문, 2018. 7.
- 유은선. 「현대 건축의 외피 표현 경향에 따른 공간 연출용 아트패브릭 연구」. 이화여자대학교 디자인대학원 석사학위 논문, 2012. 1.

웹사이트
- DAV www.dav.kr
- 동아스트 www.dast21.com
- 머티리얼 커넥션 www.materialconnexion.com
- 모노콜렉션 www.monocollection.com
- 여명벽지㈜ www.leesco21.com
- 일신방직 www.ilshin.co.kr
- 키티버니포니 www.kittybunnypony.com
- 효성첨단소재 www.hyosungadvancedmaterials.com